JN080229

会社別就活ハンドブックシリーズ

2025

第一生命ホールディングスの就活ハンドブック

就職活動研究会 編
JOB HUNTING BOOK

は じ め に

　2021年春の採用から，1953年以来続いてきた，経団連（日本経済団体連合会）の加盟企業を中心にした「就活に関するさまざまな規定事項」の規定が，事実上廃止されました。それまで卒業・修了年度に入る直前の3月以降になり，面接などの選考は6月であったものが，学生と企業の双方が活動を本格化させる時期が大幅にはやまることになりました。この動きは2022年春そして2023年春へと続いております。

　また新型コロナウイルス感染者の増加を受け，新卒採用の活動に対してオンラインによる説明会や選考を導入した企業が急速に増加しました。採用環境が大きく変化したことにより，どのような場面でも対応できる柔軟性，また非接触による仕事の増加により，傾聴力というものが新たに求められるようになりました。

　『会社別就職ハンドブックシリーズ』は，いわゆる「就活生向け人気企業ランキング」を中心に，当社が独自にセレクトした上場している一流・優良企業の就活対策本です。面接で聞かれた質問にはじまり，業界の最新情報，さらには上場企業の株主向け公開情報である有価証券報告書の分析など，企業の多角的な判断・研究材料をふんだんに盛り込みました。加えて，地方の優良といわれている企業もラインナップしています。

　思い込みや憧れだけをもってやみくもに受けるのではなく，必要な情報を収集し，冷静に対象企業を分析し，エントリーシート作成やそれに続く面接試験に臨んでいただければと思います。本書が，その一助となれば幸いです。

　この本を手に取られた方が，志望企業の内定を得て，輝かしい社会人生活のスタートを切っていただけるよう，心より祈念いたします。

就職活動研究会

Contents

第1章

第一生命ホールディングスの
会社概況

会社によって選考方法は千差万別。面接で問われる内容や採用スケジュールもバラバラだ。採用試験ひとつとってみても，その会社の社風が表れていると言っていいだろう。ここでは募集要項や面接内容について過去の事例を収録している。

また，志望する会社を数字の面からも多角的に研究することを心がけたい。

✔ 経営理念

■ Mission：私たちの存在意義

一生涯のパートナー　By your side, for life

第一生命グループは、1902年、日本での創業以来、お客さま本位（お客さま第一）を経営の基本理念に据え、生命保険の提供を中心に、地域社会への貢献に努めてきました。これからも、お客さまとお客さまの大切な人々の"一生涯のパートナー"として、グループ各社が、それぞれの地域で、人々の安心で豊かな暮らしと地域社会の発展に貢献していきます。

■ Vision：私たちの目指す姿

Protect and improve the well-being of all

As a lifetime partner, we safeguard and contribute to the peace of mind, prosperity and wellness of all the people we serve.
（すべての人々の幸せを守り、高める。）

第一生命グループは、"Protect and improve the well-being of all" をグループビジョンとして掲げ、すべての人々の "well-being"、すなわち一生涯にわたり安心に満ち、豊かで健康な人生を送れることに貢献していきます。

■ Values：私たちの大切にする価値観

グループ企業行動原則（DSR憲章）

Dai-ichi's Social Responsibility Charter（DSR Charter）

●お客さま満足　●コミュニケーション　●コンプライアンス　●人権尊重
●ダイバーシティ＆インクルージョン　●環境保護　●社会貢献
●健康増進　●持続的な企業価値の創造

■ Brand Message：理念体系を支える私たちの想い

いちばん、人を考える　People First

いちばん、お客さまから支持される保険グループになるために、誰よりも「人」を考える会社を目指していきます。

✔ 会社データ

所在地	〒100-8411 東京都千代田区有楽町1-13-1 TEL 03（3216）1222（代）
取締役会長	稲垣 精二
代表取締役社長	菊田 徹也
創立	1902年（明治35年）9月15日
資本金	3,440億円
証券コード	8750
上場取引所	東京証券取引所
従業員数 ※	897名
発行済み株式数 ※	989,888千株
総資産 （グループ）※	65兆3,974億円

2023年10月1日現在
※2023年9月末現在

✔ 仕事内容

基幹職

第一生命グループのビジネスフィールドで幅広く活躍できる職種です。

入社当初は広く会社の業務に携わり、将来的には全社的なマネジメントやビジネスのプロフェッショナルを目指していただくコースと、組織の中核人財候補として特定のビジネスフィールドにおいて専門性を活かした価値創出を行っていただくコースがあります。

機関経営職

第一生命の中核事業を担う「リーテイル部門」を最前線から支え、営業オフィス経営のプロフェッショナルを目指していく職種です。

営業だけでなく、マネジメント・人財育成・マーケティングなどに携わりながら成長していくことができます。

ライフプロフェッショナル職

主に企業や官公庁で働くお客さまを対象に、お客さま一人ひとりに最適な「生涯設計」のご提案を行う職種です。

高いコンサルティング能力を発揮しながら、金融のスペシャリストとして活躍していくことができます。

✔ 先輩社員の声

中長期の視点で収益をシミュレーション
あるべき営業チャネル戦略を描いていく

【基幹職・リーテイル分野／ 2010 年入社】
Mission
国内生命保険事業のマーケティングと
営業収益シミュレーション分析に基づき，
中長期的な営業戦略・販売チャネル戦略を描く。

多角的な分析からあるべき営業戦略を描いていく

第一生命グループの国内の新契約件数は 1 日あたり約 4,000 件で，さまざまな保険商品が多様な営業チャネルで販売されています。生命保険商品はお客さまと長いお付き合いになる商品であり，お客さまのニーズや営業による収益予測も中長期的に捉え，マーケティングやシミュレーションを行っていかなければなりません。社会情勢やマーケット環境，販売チャネルごとの状況，競合の動きなど多角的な視点での分析が求められます。また，第一生命グループには 1,000 万人を超えるお客さまがいて，膨大なビッグデータも存在します。それらのさまざまな情報を活用して，新たなビジネスチャンスや課題解決策を示していくことが私の仕事です。自身のシミュレーション予測や分析結果が会社の営業戦略の方向性を決める判断のひとつになっていることにとてもやりがいを感じます。

向き合うマーケットが大きく，関わる人が多いからこそ成長を実感できる

私は仕事を行う上で，どんな困難なことがあっても，最後まで諦めずにやりきることを信条としています。その姿を見て周囲のメンバーもフォローをしてくれますので，まずは自分自身が諦めないことが大切だと考えています。営業企画部は，新しいことを企画・立案することが多いため，アイデア出しはもちろんのこと，社内外からの情報収集と分析を行い，それを議論しながら形にしていく必要があります。仕事の中では，社内外問わず人的ネットワークも広がっていますし，プレゼンテーション力，情報分析力，創造力など様々なビジネススキルがこの数年で身についていて，自分自身が成長していると実感できています。また，中長期視点で現在から将来への戦略を描いていくことが仕事であるため，「会社がどうあるべきか，ステークホルダーにとってどうあるべきか」という視点は常に持ち続け，広い視点で物事を捉えるように心がけています。

第一生命保険【オープンコース】基幹総合職（G型・R型）

コース概要	基幹総合職（G型・R型）は将来の経営幹部候補、ビジネスのプロフェッショナルを目指していただくコースです。 入社当初は広く会社の業務に携わり、将来的には一人ひとりの適性や志向にあったキャリアプランを決定していきます。 幅広い職務を経験した上で全社的なマネジメントや、特定領域を極めて業界の第一人者を目指していただくことが可能です。 なお、転居を伴う転勤があるG型と転居を伴う転勤がないR型があり、この2つの働き方については併願が可能です。 また、R型に限り、基幹業務職A型との併願も可能です。	
応募資格	国内外の四年制大学または大学院を2024年3月までに卒業・修了見込みの方。 国内外の四年制大学または大学院を卒業・修了された方。	
応募条件	学部・学科・専攻は不問。	
	G型	**R型**
初任給	大学院了： 月給289,150円〜（勤務手当含む） 大学卒： 月給276,840円〜（勤務手当含む） ※勤務手当：勤務時間の長短に関わらず、事前に超過勤務の一定時間分（早出残業20時間、時間外勤務10時間）に相当する金額を支給。 ※本社（東京）の通勤圏外へ配属となった場合、別途転勤手当を支給。 ※2023年度実績	大学院了： 月給264,540円〜（勤務手当含む） 大学卒： 月給252,240円〜（勤務手当含む） ※勤務手当：勤務時間の長短に関わらず、事前に超過勤務の一定時間分（早出残業20時間、時間外勤務10時間）に相当する金額を支給。 ※2023年度実績
勤務時間	9：00〜17：00（フレックスタイム制あり）	
勤務地	国内および海外の事業所（本社・支社・グループ会社）です。転居を伴う異動があります。	国内の事業所（本社・支社・グループ会社）です。自宅から通える範囲で勤務いただき、原則として転居を伴う異動はありません。

休日休暇	完全週休2日制、祝日、有給休暇年間20日（初年度18日）、夏期休暇、年末年始休暇、慶弔休暇、計画公休制度、リフレッシュ休暇制度（勤続10年、15年、20年、25年、30年、35年、40年）など
昇給・賞与	昇給：年1回（4月），賞与：年2回（6月・12月）
福利厚生	諸施設：社宅など　※基幹総合職G型のみ 諸制度：各種社会保険適用あり（雇用保険、健康保険、厚生年金保険、労災保険）育児休業制度、介護休業制度、育児・介護のための短時間勤務制度など

第一生命保険【スペシャリティコース】基幹総合職（G型・R型）アクチュアリー

コース概要	生保アクチュアリー・年金アクチュアリーとして、数理的手法を駆使して不確定な事象を解析することで、保険商品開発やリスク管理、経営企画などの業務を行います。 なお、転居を伴う転勤があるG型と転居を伴う転勤がないR型があり、この2つの働き方については併願が可能です。	
応募資格	国内外の四年制大学または大学院を2024年3月までに卒業・修了見込みの方。 国内外の四年制大学または大学院を卒業・修了された方。	
応募条件	大学もしくは大学院にて理数系を専攻している方が望ましい。	
	G型	**R型**
初任給	大学院了： 月給289,150円～（勤務手当含む） 大学卒： 月給276,840円～（勤務手当含む） ※勤務手当：勤務時間の長短に関わらず、事前に超過勤務の一定時間分（早出残業20時間、時間外勤務10時間）に相当する金額を支給。 ※本社(東京)の通勤圏外へ配属となった場合、別途転勤手当を支給。 ※2023年度実績	大学院了： 月給264,540円～（勤務手当含む） 大学卒： 月給252,240円～（勤務手当含む） ※勤務手当：勤務時間の長短に関わらず、事前に超過勤務の一定時間分（早出残業20時間、時間外勤務10時間）に相当する金額を支給。 ※2023年度実績

勤務時間	9：00～17：00（フレックスタイム制あり）	
勤務地	国内および海外の事業所（本社・支社・グループ会社）です。転居を伴う異動があります。	国内の事業所（本社・支社・グループ会社）です。自宅から通える範囲で勤務いただき、原則として転居を伴う異動はありません。
休日休暇	完全週休2日制、祝日、有給休暇年間20日（初年度18日）、夏期休暇、年末年始休暇、慶弔休暇、計画公休制度、リフレッシュ休暇制度（勤続10年、15年、20年、25年、30年、35年、40年）など	
昇給・賞与	昇給：年1回（4月），賞与：年2回（6月・12月）	
福利厚生	諸施設：社宅など　※基幹総合職G型のみ 諸制度：各種社会保険適用あり（雇用保険、健康保険、厚生年金保険、労災保険）育児休業制度、介護休業制度、育児・介護のための短時間勤務制度など	

第一生命保険【スペシャリティコース】基幹総合職（G型・R型）クオンツ・データサイエンティスト

コース概要	金融工学・金融投資理論などの知識を習得し、アセットアロケーション業務をはじめとして、ファンドマネジャーやアナリスト業務などを行います。 また、データサイエンティストとして、ビッグデータを活用し、新商品の開発なども行います。 なお、転居を伴う転勤があるG型と転居を伴う転勤がないR型があり、この2つの働き方については併願が可能です。
応募資格	国内外の四年制大学または大学院を2024年3月までに卒業・修了見込みの方。 国内外の四年制大学または大学院を卒業・修了された方。
応募条件	大学もしくは大学院にて金融工学・金融投資理論もしくは理数系を専攻している方が望ましい。

	G型	R型
初任給	大学院了： 月給289,150円〜（勤務手当含む） 大学卒： 月給276,840円〜（勤務手当含む） ※勤務手当：勤務時間の長短に関わらず、事前に超過勤務の一定時間分（早出残業20時間、時間外勤務10時間）に相当する金額を支給。 ※本社（東京）の通勤圏外へ配属となった場合、別途転勤手当を支給。 ※2023年度実績	大学院了： 月給264,540円〜（勤務手当含む） 大学卒： 月給252,240円〜（勤務手当含む） ※勤務手当：勤務時間の長短に関わらず、事前に超過勤務の一定時間分（早出残業20時間、時間外勤務10時間）に相当する金額を支給。 ※2023年度実績
勤務時間	9：00〜17：00（フレックスタイム制あり）	
勤務地	国内および海外の事業所（本社・支社・グループ会社）です。転居を伴う異動があります。	国内の事業所（本社・支社・グループ会社）です。自宅から通える範囲で勤務いただき、原則として転居を伴う異動はありません。
休日休暇	完全週休2日制、祝日、有給休暇年間20日（初年度18日）、夏期休暇、年末年始休暇、慶弔休暇、計画公休制度、リフレッシュ休暇制度（勤続10年、15年、20年、25年、30年、35年、40年）など	
昇給・賞与	昇給：年1回（4月），賞与：年2回（6月・12月）	
福利厚生	諸施設：社宅など ※基幹総合職G型のみ 諸制度：各種社会保険適用あり（雇用保険、健康保険、厚生年金保険、労災保険）育児休業制度、介護休業制度、育児・介護のための短時間勤務制度など	

第一生命保険【スペシャリティコース】基幹総合職（G型・R型）IT・システム

コース概要	第一生命グループの幅広いビジネスフィールドを根幹から支える各種システムの企画・開発・運用や、最先端のIT技術を駆使した新規ビジネスの創造・開発など幅広い業務を行います。 なお、転居を伴う転勤があるG型と転居を伴う転勤がないR型があり、この2つの働き方については併願が可能です。

	G型	R型
応募資格	国内外の四年制大学または大学院を2024年3月までに卒業・修了見込みの方。 国内外の四年制大学または大学院を卒業・修了された方。	
応募条件	学部・学科・専攻は不問。 ただし、ITやシステムに対して興味・関心を持っている方が望ましい。	
初任給	大学院了： 月給289,150円～（勤務手当含む） 大学卒： 月給276,840円～（勤務手当含む） ※勤務手当：勤務時間の長短に関わらず、事前に超過勤務の一定時間分（早出残業20時間、時間外勤務10時間）に相当する金額を支給。 ※本社(東京)の通勤圏外へ配属となった場合、別途転勤手当を支給。 ※2023年度実績	大学院了： 月給264,540円～（勤務手当含む） 大学卒： 月給252,240円～（勤務手当含む） ※勤務手当：勤務時間の長短に関わらず、事前に超過勤務の一定時間分（早出残業20時間、時間外勤務10時間）に相当する金額を支給。 ※2023年度実績
勤務時間	9：00～17：00（フレックスタイム制あり）	
勤務地	国内および海外の事業所（本社・支社・グループ会社）です。転居を伴う異動があります。	国内の事業所（本社・支社・グループ会社）です。自宅から通える範囲で勤務いただき、原則として転居を伴う異動はありません。
休日休暇	完全週休2日制、祝日、有給休暇年間20日（初年度18日）、夏期休暇、年末年始休暇、慶弔休暇、計画公休制度、リフレッシュ休暇制度（勤続10年、15年、20年、25年、30年、35年、40年）など	
昇給・賞与	昇給：年1回（4月），賞与：年2回（6月・12月）	
福利厚生	諸施設：社宅など　※基幹総合職G型のみ 諸制度：各種社会保険適用あり（雇用保険、健康保険、厚生年金保険、労災保険）育児休業制度、介護休業制度、育児・介護のための短時間勤務制度など	

第一生命保険【スペシャリティコース】基幹総合職（G型・R型）
建築・設計

コース概要	投資用不動産物件に関する建築計画や設計・プロジェクトマネジメントに至るまで不動産に関する幅広い業務を行います。 なお、転居を伴う転勤があるG型と転居を伴う転勤がないR型があり、この2つの働き方については併願が可能です。	
応募資格	国内外の四年制大学または大学院を2024年3月までに卒業・修了見込みの方。 国内外の四年制大学または大学院を卒業・修了された方。	
応募条件	大学もしくは大学院にて建築学系を専攻している方が望ましい。	
	G型	**R型**
初任給	大学院了： 月給289,150円〜（勤務手当含む） 大学卒： 月給276,840円〜（勤務手当含む） ※勤務手当：勤務時間の長短に関わらず、事前に超過勤務の一定時間分（早出残業20時間、時間外勤務10時間）に相当する金額を支給。 ※本社（東京）の通勤圏外へ配属となった場合、別途転勤手当を支給。 ※2023年度実績	大学院了： 月給264,540円〜（勤務手当含む） 大学卒： 月給252,240円〜（勤務手当含む） ※勤務手当：勤務時間の長短に関わらず、事前に超過勤務の一定時間分（早出残業20時間、時間外勤務10時間）に相当する金額を支給。 ※2023年度実績
勤務時間	9：00〜17：00（フレックスタイム制あり）	
勤務地	国内および海外の事業所（本社・支社・グループ会社）です。転居を伴う異動があります。	国内の事業所（本社・支社・グループ会社）です。 自宅から通える範囲で勤務いただき、原則として転居を伴う異動はありません。
休日休暇	完全週休2日制、祝日、有給休暇年間20日（初年度18日）、夏期休暇、年末年始休暇、慶弔休暇、計画公休制度、リフレッシュ休暇制度（勤続10年、15年、20年、25年、30年、35年、40年）など	
昇給・賞与	昇給：年1回（4月），賞与：年2回（6月・12月）	

福利厚生	諸施設：社宅など　※基幹総合職Ｇ型のみ 諸制度：各種社会保険適用あり（雇用保険、健康保険、厚生年金保険、労災保険）育児休業制度、介護休業制度、育児・介護のための短時間勤務制度など

第一生命保険【オープンコース】基幹業務職（Ａ型）

コース概要	特定のフィールドにおけるスペシャリストを目指していただくコースです。戦略の企画・管理やフロント・バック業務など、特定のビジネスフィールドにおいて多様な職務を経験しながら、 じっくりと専門性を深めていきます。将来的にはお客さまへの新たなサービスの提供など専門性を活かした価値創出を通じて、組織に貢献する中核人財を目指していただくことが可能です。なお、本人の適性や志向に応じて、基幹総合職（Ｇ型・Ｒ型）に転換することも可能です。また、転居を伴わない基幹総合職Ｒ型との併願が可能です。
応募資格	国内外の短期大学、四年制大学または大学院を2024年3月までに卒業・修了見込みの方。 国内外の短期大学、四年制大学または大学院を卒業・修了された方。
応募条件	学部・学科・専攻は不問。
初任給	大学院了・大学卒：月給227,630円～（勤務手当含む） 短大卒：月給211,630円～（勤務手当含む） ※勤務手当：勤務時間の長短に関わらず、事前に超過勤務の一定時間分（早出残業20時間、時間外勤務10時間）に相当する金額を支給。 ※2023年度実績
勤務時間	9：00～17：00（フレックスタイム制あり）
勤務地	国内の事業所（本社・支社・グループ会社）です。自宅から通える範囲で勤務いただき、原則として転居を伴う異動はありません。
休日休暇	完全週休2日制、祝日、有給休暇年間20日（初年度18日）、夏期休暇、年末年始休暇、慶弔休暇、計画公休制度、リフレッシュ休暇制度（勤続10年、15年、20年、25年、30年、35年、40年）など
昇給・賞与	昇給：年1回（4月）、賞与：年2回（6月・12月）
福利厚生	諸制度：各種社会保険適用あり（雇用保険、健康保険、厚生年金保険、労災保険）育児休業制度、介護休業制度、育児・介護のための短時間勤務制度など

✔ 採用の流れ （出典：東洋経済新報社『就職四季報』）

第一生命保険

エントリーの時期	【総】3月～継続中
採用プロセス	【総】ES提出（3月～）→Webテスト（4月～）→面接（約3回，6月～）→内々定（6月～）

採用実績数

	大卒男	大卒女	修士男	修士女
2022年	41 (文：40 理：1)	65 (文：62 理：3)	11 (文：3 理：8)	2 (文：0 理：2)
2023年	43 (文：41 理：2)	50 (文：48 理：2)	13 (文：3 理：10)	0 (文：0 理：0)
2024年	70 (文：69 理：1)	76 (文：71 理：5)	20 (文：3 理：17)	0 (文：0 理：0)

採用実績校

【文系】
愛知大学，青山学院大学，大阪大学，大阪公立大学，岡山大学，お茶の水女子大学，学習院大学，学習院女子大学，神奈川大学，関西大学，関西学院大学，九州大学，京都大学，京都女子大学，群馬県立女子大学，慶應義塾大学，高知大学，神戸大学，駒澤大学，滋賀大学，上智大学，昭和女子大学，成蹊大学，千葉大学　他（理系含む）
【理系】
文系に含む

✔2023年の重要ニュース (出典：日本経済新聞)

■第一生命がネット銀　20～30代顧客との接点増やす (1/10)

　第一生命保険は11日からインターネットバンキングのサービスを始める。老後に必要な資産額の過不足を試算したり、資産形成につながる金融商品を申し込めたりできるようにする。20～30代の支持が厚いネットバンクの口座開設により、課題だった若年層との接点を増やす。

　関東財務局長から銀行代理業の許可を得た。住信SBIネット銀行と楽天銀行が提供するBaaS（バンキング・アズ・ア・サービス）のしくみを活用し、「第一生命　NEOBANK」「楽天銀行　第一生命支店」として預金口座を開設できるようにする。

　新規の口座開設が年80万～160万件にのぼる両行は若年層を中心に支持を集める。第一生命は資産形成に役立つ情報を配信するほか、アプリから第一生命のサイトに移ってもらえば生涯にわたる収支の過不足を試算できるようにする。

　将来的には保険の契約者に口座開設を勧め、受け取った保険金や給付金を資産運用につなげる循環の確立をめざす。個人型確定拠出年金（iDeCo）や少額投資非課税制度（NISA）に加え、月内に業務を始めるグループの運用会社が開発した投資信託を取り扱う計画も温めている。

　BaaSは銀行が自らの機能を外部の企業に供与するサービスで、昨年12月にはJR東日本が楽天銀行のシステムで2024年春に銀行代理業へ参入する方針を明らかにした。日本航空は住宅ローンの借入額に応じ、マイレージを付与するサービスを展開している。

■第一生命、イデコの運営管理手数料無料　日本生命に追随 (9/28)

　第一生命保険は28日、自社で取り扱う個人型確定拠出年金（iDeCo、イデコ）の運営管理手数料を10月から無料にすると発表した。同じく10月から無料にする日本生命保険に追随したかたちだ。資産形成への関心の高まりを受けて、若年層を中心に顧客との接点拡大を図る。

　口座管理手数料に含まれる運営管理にかかる手数料を10月1日から無料にする。これまでは加入から1年間は無料だったが、2年目以降は一部の条件を除いて月に321円かかっていた。掛け金を拠出する場合には、初期費用に加えて、月171円の口座管理手数料が引き続き必要となる。

イデコの運営管理手数料の無料化をめぐっては、日本生命が10月から無料にするとすでに発表している。SBI証券や楽天証券、りそな銀行などは無条件で無料にしている。他の大手生保である明治安田生命保険と住友生命保険は現時点で無料化の予定はないとしている。

また第一生命は10月から少額投資非課税制度（NISA）の取り扱いを本格的に始める。証券外務員試験の合格などを条件とする社内資格を持った営業職員とは別の職員が、NISA口座の開設案内や投資信託商品の販売を行う。開始時点では約200人だが、2025年度末までに1700人程度まで増やす計画だ。

■第一生命、指数連動型の円建て個人年金　3年で元本保証（12/1）

第一生命保険は1日、独自の指数に連動して受取額が変わる個人年金保険を20日に発売すると発表した。契約から3年以降は元本を保証するタイプで、元本を確保しながら資産形成を進めたいニーズに対応する。保険料を毎月おさめる円建てで指数連動型の個人年金は業界で初めてという。

グループの資産運用会社「バーテックス・インベストメント・ソリューションズ」が独自に開発した指数を使う。指数は世界の株式、債券、不動産などへの分散投資の運用成績で変動する。第一生命の営業職員が販売する。

指数の変化に応じて受取額が決まるため、あらかじめ契約者に約束する運用利回り（予定利率）はない。第一生命の試算では、例えば契約時の年齢が35歳で保険料の払込期間が30年、年金の受取期間が10年の場合、払い込んだ保険料の総額に対して受け取れる年金の割合は118.6%を見込む。返戻率は従来の商品より10%程度高くなる。

主力の個人年金で新商品を開発するのは18年ぶり。金利上昇を背景に貯蓄性商品のニーズが高まるなか、元本を確保しながら教育や老後などに備えたいニーズをとらえる。払込期間が30年の個人年金では解約時の返戻金が元本を上回るまで一般的に20年程度かかる。

✔2022年の重要ニュース （出典：日本経済新聞）

■第一生命系、コロナ保険の新規販売を停止（7/11）

　第一生命保険の子会社である第一スマート少額短期保険は11日、新型コロナウイルスなどの感染症と診断されると10万円の一時金を給付する保険商品の引き受けを同日朝に止めたと発表した。足元で感染者が急増し、商品を維持するのが難しくなっているため。既存の契約については保障を続けるとしている。

　同社は昨年4月に取り扱いを始め、感染の状況に応じて保険料が変動するしくみを採っている。当初の保険料は980円だったが、今年7月の契約分は3330円。これまでに約20万人が契約したという。10日の感染者は1週間前の2.3倍にあたる5万4000人を超え、「感染第7波」への懸念が高まってきた。

■運用会社設立を発表　機動性高め商品開発（7/19）

　第一生命ホールディングス（HD）は19日、8月に資産運用会社を立ち上げると発表した。契約者に一定のリスクを受け入れてもらう代わりに、中長期で3%程度のリターンをめざす「ミドルリスク・ミドルリターン」の保険商品を開発する。

　新会社の社名は「バーテックス・インベストメント・ソリューションズ」とし、高度な数理モデルで高い利回りをめざす「クオンツ」と呼ぶ運用に特化する。独自の運用会社を立ち上げて機動性を確保し、顧客の資産形成に資する商品開発につなげる考えだ。4月の設立を予定していたが、社内体制の整備に時間がかかり4カ月ずれ込んだ。

　第一生命HDはみずほフィナンシャルグループと資産運用会社「アセットマネジメントOne」を共同運営している。新会社を作っても提携関係に変わりはないという。

■保険料収入で日本生命抜く　外貨保険押し上げ（8/10）

　主な生命保険会社の2022年4〜6月期連結決算が10日出そろった。米国の金利上昇で積立利率が改善し、外貨建て保険の販売額が前年同期から22%増加。第一生命ホールディングス（HD）の保険料等収入は同期間として7年ぶりに日本生命保険を抜いて首位だった。新型コロナウイルスの感染者が急増して入院給付金がかさみ、本業の利益では減益が目立った。

　第一生命HDの売上高に相当する保険料等収入は27%増の1兆5959億円で、日本生命を約900億円上回った。外貨建て保険などの開発を手掛ける傘下の第

ーフロンティア生命保険では 5999 億円と 66％ 増だった。それでも販売増に伴う責任準備金の積み増し負担が重く、フロンティア生命の基礎損益は 27 億円の赤字（前年同期は 105 億円の黒字）だった。

外貨建て保険の販売は総じて好調で、日本経済新聞が取り扱いのある主要 7 社に聞き取ったところ、合計額は 22％ 増の 9960 億円。直近 3 カ月前の 22 年 1 〜 3 月期に比べると 66％ の大幅増だった。4 〜 6 月期には長期金利の指標となる米 10 年債の利回りが 2.3％ 台から 3.0％ 台に上昇し、積立利率の改善で保険加入が伸びた。

円安の局面で契約すると、為替レートが円高へ動けば円換算後の受取額が目減りする恐れがある。一般的に円安の状況下で外貨建て保険の販売は伸びにくいが、金利上昇で積立利率が大きく改善したことが追い風となった。

本業のもうけを示す基礎利益は、10 日までに決算を公表した主要 13 社のうち 10 社が減益だった。コロナ禍で自宅で療養する人を入院と同等に取り扱う「みなし入院」が急増し、医療保険に付く入院給付金の支払額が膨らんだ。

住友生命保険では足元で広がる感染第 7 波の影響により、給付金の支払いが一段と増える事態を想定。「期初に見込んでいた基礎利益が通期で下振れしそうだ」という。感染の再拡大が生命保険会社の業績に影響を与え始めている。

■純利益 47％ 減　コロナ支払増で下方修正（11/14）

第一生命ホールディングス（HD）は 14 日、2023 年 3 月期の連結純利益が前期比 47％ 減の 2190 億円になりそうだと発表した。従来予想から 660 億円の下方修正となる。新型コロナウイルスの感染が拡大し、入院給付金の支払額が期初に想定していた約 300 億円を上回る 900 億円程度になりそうなためだ。

9 月 26 日以降は 65 歳以上や妊婦など重症化の恐れが高い感染者に支払いの対象を絞ったが、それまで自宅やホテルで療養する「みなし入院」の感染者にも一律で給付金を支払ってきた。今月下旬に決算を公表する日本生命保険や住友生命保険でも入院給付金の支払いがかさみ、利益を押し下げる要因となりそうだ。

第一生命 HD の売上高に資産運用の収益を加えた経常収益は 18％ 増の 9 兆 6500 億円。7％ 減としていた従来予想から一転し、増収を見込む。海外金利の上昇で積立利率が改善し、傘下の第一フロンティア生命保険が取り扱う外貨建て保険の販売が急増している。

同日に発表した 22 年 4 〜 9 月期決算は、連結純利益が前年同期比 39％ 減の 1082 億円、経常収益は 49％ 増の 5 兆 6150 億円だった。1 株当たり年 86 円とする配当金の予想は維持した。

✔2021年の重要ニュース (出典：日本経済新聞)

■医療保険金、広がる「一括払い」 第一生命が企業向け（2/10）

　新型コロナウイルス禍をきっかけに、入院日数に連動していた医療保険金の支払い方が大きく変わりそうだ。第一生命保険は6月から、従業員が新型コロナに感染すると一括で保険金を払う医療保険を初めて企業向けに売り出す。医療技術の進歩で入院期間が短期化しており、一括払いを求める声が高まっていた。今後は支払い方や対象の多様化が加速しそうだ。

　第一生命が売り出すのは入院時に一括で保険金を支払う「入院一時金型」と呼ばれる種類の保険。加入した企業の全従業員が保障の対象になる。企業は従業員の入院時などに保険金を見舞金などの名目で支払う福利厚生制度として運用する。同社によると企業向けの同保険の発売は生保大手で初。

　がんも含めた入院が支払いの条件だが、第一生命が企業への提案で念頭に置くのは新型コロナだ。新型コロナは感染症法上の入院勧告の対象となり、感染者は自宅やホテルで療養した場合も入院保険金の支払対象となる。感染した従業員が遠隔で手続きできるよう、ネットで第一生命の専用サイトから手続きするだけで保険金の受け取りができるよう手続きもデジタル化した。

　保険料は従業員の健康度合いなどで変動するが、保険金を15万円に設定した場合に100人の企業で年135万円から。5年間で12万5000人の加入を目指す。

　企業向けの医療保険金は入院日数に応じて金額が変動するのが一般的。ただし退院するまで手続きが開始できず、保険金を受け取る際は会社を経由して第一生命に手続き用の書類を郵送する必要があった。第一生命の新商品は手続き完了までの期間が従来の6日以上から3日程度短縮できる効果を見込めるという。

　厚生労働省の調べでは、平均入院日数は2017年に16.2日と05年に比べて3.6日縮まり、日帰りで退院する患者も増加傾向にある。一方、医療の高度化で入院1日あたりの自己負担額は急増。入院日数で保険金額を算出する手法は転機を迎えていた。

　個人向けの一括支払い型の医療保険は既に各社が投入している。19年に、日本生命保険が入院一時金型の医療保険を投入。新型コロナが猛威を振るった20年は太陽生命保険が9月に新型コロナに特化して保険金を2倍に増やす保険を投入し、販売件数は足元で7万件を突破した。通院での投薬費用を保障するなど、

一時金型に限らず医療保険金の支払い方を見直す動きは相次いでいる。

　医療費への関心が高まる一方で疾病の治療は医療技術の進歩で安価にすむように
なり、医療保険は生保各社の間で契約の量と質の両面で利益の源泉となってきた。新型コロナ禍を受けて保険の価値が改めて問われる中、顧客の需要の変化に応じて医療保険の商品設計を迅速に見直せるかが生保各社の競争力を左右する。

■第一生命、投資先の CO2 排出 3 割減　25 年までに（3/4）

　第一生命保険は 2025 年までに投資先による二酸化炭素（CO2）排出量を20 年比で約 3 割減らす中期計画を実行に移す。23 年度までに 7000 億円規模の株式売却などで CO2 排出が多い企業の株式の保有を減らす。こうした中期目標は国内機関投資家で初めて。50 年までに排出量の実質ゼロをめざす。企業の脱炭素の動きが加速しそうだ。

　第一生命は運用資産約 36 兆円の国内有数の機関投資家。投資先による CO2排出量の削減について中期の数値目標を 21 年度からの中期経営計画に盛り込む。

　欧米ではすでに仏アクサが 25 年までに投資先の CO2 排出量を 2 割減らす目標を掲げている。独アリアンツ、英アビバなども目標策定に動いている。国内の機関投資家で投資先の CO2 排出量削減の中期目標を定めるのは第一生命が初めて。脱炭素の流れが世界で加速しており、企業は株価維持などの観点からも早期の対応を迫られている。

　第一生命の計画では株式、社債と不動産が対象になり、国債なども順次対象に加える。第一生命の株式、社債の投資先から出る CO2 排出量は出資分などをもとに試算すると年 1000 万㌧程度になる。単純計算で 300 万㌧程度の削減が必要になる。

　CO2 排出量の削減に向けて、投資先の脱炭素の状況を踏まえて年 1000 億円以上の株式を売却する。排出量が上位の企業に対して集中的に脱炭素を促す対話を実施する。脱炭素社会の実現に寄与する債券などへの投資も 20 年 3 月末時点の 5000 億円程度から、24 年 3 月末までに 1 兆円まで積み増す。外国株式の運用で用いる指数も全面的に環境に配慮したものに切り替える。

　計画の実行をより確実にしていくため、アジアで初めて CO2 排出量を削減する機関投資家の国際団体に加盟する。仏アクサなど欧米の機関投資家と連携して世界の大手企業に脱炭素を促す体制を整える。

✔ 就活生情報

学生時代に力を入れたことや志望動機の質問には，
自分の経験を素直に話すのが大事だと思います

ライフプロフェッショナル職 2021卒

エントリーシート
・形式：採用ホームページから記入
・内容：学生時代に力を入れたこと，就職活動を行う上で大事にしていること

セミナー
・選考とは無関係
・服装：リクルートスーツ
・内容：主に逆質問の時間

筆記試験
・形式：Webテスト
・科目：SPI（数学，算数/国語，漢字/性格テスト）

面接（個人・集団）
・雰囲気：和やか　回数：3回
・質問内容：志望動機，学生時代に力を入れたこと，自己PR，それらの深掘り
　一次面接（マネージャー面接では，自分を動物に例えると何か
　最終面接では，ほとんど意思確認

内定
・拘束や指示：内定獲得後に書類(志望順位，今後も就職活動を続けるかといっ
　た内容)を記入した
・通知方法：最終面接の際に内定をいただいた

● その他受験者からのアドバイス
・最終面接前に今までの面接のフィードバックをもらった

インターンシップやOB訪問は必ず行くべきです。就職活動を始めたのが遅かったせいで，非常に苦労しました

基幹経営職 2021卒

エントリーシート

・形式：採用ホームページから記入
・内容：学生時代に力を入れて取り組んだこと，志望動機などの基本的な質問

セミナー

・選考とは無関係　服装：リクルートスーツ
・内容：業界説明，企業紹介，機関経営職のカリキュラムの説明，オフィス長や営業部長による座談会

筆記試験

・形式：Webテスト
・科目：英語／数学，算数／国語，漢字／性格テスト

面接（個人・集団）

・雰囲気：和やか　回数：5回
・質問内容：一次面談…学生時代に力を入れたこと，自己PR，機関経営職の魅力，リクルーター面談で印象に残っていること
二次面談…就職活動の状況，機関経営職にとって大切な素質，今までに出会った人の中で印象に残っている人，結果とプロセスではどちらが大事かなど
三次面接…尊敬している人はいるか，それ以外は上記と同様の質問，逆質問
連絡事項面談では，意思確認と最終面接の日程決め
最終面接は1:1で実施，今日オフィス長に赴任した場合生涯設計デザイナーにどのような挨拶をするか，どんなオフィスにしたいと思うかなど具体的な質問

内定

・拘束や指示：拘束はなかった。内々定が出た後に少人数での懇親会はあった

▶ その他受験者からのアドバイス

・就活をしていると周りが気になってしまうが，この会社においては特に周りは気にしないでいいと思った。焦らずに自分のペースで頑張ってほしい
・沢山の社員さんと接触しお話を聞くことで働くイメージがついてくると思う

たくさんの社員さんと接触し，多くの方のお話を聞くことで，働くイメージがついてくると思います

基幹職 2020卒

エントリーシート

- 形式：採用ホームページから記入
- 内容：自分らしさを表すキャッチフレーズ，生命保険業界を選んだ理由と，その中で第一生命を選んだ理由，第一生命のビジネスフィールドの中で興味のある分野

セミナー

- 選考と関係のあるものだった
- 服装：リクルートスーツ
- 内容：キャリア1st，キャリア2nd，DLフェスタは説明会や社員との座談会があったが，キャリア3rdはフランクな面接

筆記試験

- 形式：Webテスト
- 科目：SPI（数学，算数/国語，漢字/性格テスト。ボーダーは低め

面接（個人・集団）

- 質問内容：エントリーシートの深堀り，学業で力を入れたこと，自分の性格で改善したほうがいいと思うことなど一般的なもの。もし第一生命が違う仕事をやるなら，という質問だけは難しかった

内定

- 拘束や指示：全ての内定を辞退しないと内定はもらえなさそうだった。最終面接に行く前に電話で2回，本当に第一生命が第一志望なのかを聞かれた

● その他受験者からのアドバイス

- 選考フローは不透明
- 説明会やイベントはちゃんと行っていないと，参加できないイベントもでてくるため，開催されるものはできるだけ参加したほうがいい

面談や語る会とついているものはすべて面接と同じ。また，会社の方と直接話すことで，働くイメージをつけることも大切です

ライフプロフェッショナル職（総合営業職）2020卒

エントリーシート

・内容：就職活動を行う上で大切にしていること，学生時代に一番力を入れて取り組んだこと

セミナー

・業界説明，企業紹介，業務説明など。次のステップに進む為には参加必須
・内容：顔を覚えてもらう，入社意欲を見せるために説明会にはたくさん参加した。人事や社員と話す機会を大切にし，入社後の雰囲気や銅成長していくか等のイメージを膨らませていた。

筆記試験

・形式：Webテスト　科目：数学，算数/国語，漢字/性格テスト
・内容：簡単な四則演算，ただし制限時間がとても短く，落ち着いて解かないと時間切れになってしまう

面接（個人・集団）

・質問内容：学生時代に力を入れたこと，志望動機，チャレンジしてみたい仕事，強み弱み，ゼミの活動内容，挫折経験，他人と衝突した経験，営業は大変だが頑張れるか　など，突拍子もない質問はなかった。営業についての考え，なぜ生保，なぜ第一生命なのか志望度がよくみられていたと思う

内定

・拘束や指示：拘束はなかった。内定者セミナーや今後の流れについて詳しく説明された

● その他受験者からのアドバイス

・総合営業職については人柄が評価されるので，明るく元気な受け答えを心がける。ストレス耐性があるかどうかも，非常に重視されるポイント。ストレスに強いエピソードを用意しておくと効果的
・他社比較は面接の際に聞かれるので行っておくべき。商材よりも人としての魅力にウェイトが置かれる仕事なので，面接では人柄を見られている

とにかく厳しいコース。熱い思いと覚悟を持っている人，自己成長を求めている人には向いています

基幹経営職 2020卒

エントリーシート

- 形式：採用ホームページから記入
- 内容：これまでの人生で最も困難だったこと，その困難をどのように乗り越えたか。人を巻き込み何かを達成した経験

セミナー

- 選考とは無関係
- 服装：リクルートスーツ
- 内容：業界説明，企業説明，職種説明，座談会。座談会では学生に寄り添って話してくれた

筆記試験

- 形式：Webテスト
- 科目：英語／数学，算数。内容は独自出題。ほとんど見ていないよう

面接（個人・集団）

- 雰囲気：和やか
- 質問内容：自己紹介，アルバイト，志望動機，なぜ第一生命の機関経営職を選んだか，厳しいが大丈夫か，簡単なケース問題，欠点，志望業界，企業を選ぶ軸，逆質問

内定

- 拘束や指示：志望度が高くないと内定は出ない印象

● その他受験者からのアドバイス

- 厳しいからこそやりがいもある。そこに向けた想いを伝えれば，大丈夫だと思う

自分の足で様々な企業へ行き，社員の方々と話すことで企業の雰囲気を知り，自分に合った企業を見つけましょう

総合営業職 2019卒

エントリーシート

・形式：採用ホームページから記入
・内容：自分らしさを表したと思える取組みについて，自分らしさを表すキャッチフレーズ，生命保険業界を選んだ理由　等

セミナー

・選考とは無関係
・服装：リクルートスーツ
・内容：現場若手社員の方と１：１の座談会

筆記試験

・形式：Webテスト
・科目：SPI（数学，算数/国語，漢字/性格テスト）

面接（個人・集団）

・雰囲気：和やか
・回数：6回(リクルーター面談込み)
・質問内容：営業についての考えは，なぜ生命保険なのかは，なぜ第一生命なのか　等

内定

・拘束や指示：内定時期は6月上旬，承諾検討期間は就職活動を終えるまで

● その他受験者からのアドバイス

・一次面接で持参する履歴書については触れられませんでしたが，友人は触れられたようなので，履歴書についても説明できるようにするといいかもしれません
・第一生命は連日面接に呼ばれますが，向こうから提示された時間が無理な場合はこちらから変更をお願いできます

面接は短い時間で，いかに自分をアピール出来るかが重要。しっかりロジックを固めておきましょう

基幹職エリアコース 2018卒

エントリーシート

・形式：採用ホームページから記入
・内容：志望動機，学生時代頑張ったこと，自分らしさを表すエピソード，自分のキャッチコピー，そのキャッチコピーをつけた理由

セミナー

・選考とは無関係
・服装：リクルートスーツ
・内容：人事による企業説明，社員との座談会，社員と一対一の座談会

筆記試験

・形式：Webテスト
・科目：SPI（数学，算数／国語，漢字／性格テスト）

面接（個人・集団）

・雰囲気：和やか
・質問内容：学生時代頑張ったこと，なぜ今のバイトをしようと思ったか，自己分析をして行く中で自分の強み(ESに書いてる以外のことで)，本当にうちに来るか

内定

・拘束や指示：就職活動を終わるように言われた
・タイミング：予定より早い

▶ その他受験者からのアドバイス

・通過連絡が非常に早い
・面接が終始和やか
・面接から座談会まで，お会いした全ての社員さんの人柄が良い

目を見て明るくハキハキと熱意を持って話すことができれば，金融機関ならほぼ内定をもらえると思います

総合職 2018卒

エントリーシート

・形式：採用ホームページから記入
・内容：志望動機，学生時代頑張ったこと，自分らしさを表すエピソード，自分のキャッチコピー，そのキャッチコピーをつけた理由

セミナー

・選考とは無関係
・服装：リクルートスーツ
・内容：自己分析のやり方を教えてもらえるセミナーや様々な部署の社員の方と直接話せる座談会などバリエーションが様々あり有意義だった

筆記試験

・形式：Webテスト
・科目：数学，算数／国語，漢字／性格テスト
・内容：打ち込み式の答えが出回っていないテスト

面接（個人・集団）

・雰囲気：普通
・質問内容：自己紹介で話した学生時代の内容について広く浅く聞かれた。また，志望動機と入社してやりたいこと，活躍したい分野。自分の強みと弱みなど

内定

・拘束や指示：他社の選考辞退と持っている内定破棄。就活をやめるよう指示がある

● その他受験者からのアドバイス

・選考が1週間以内に終わる。全てのセミナー，面接はネットから日時を予約する。面接解禁直前に1対1の社員座談会が行われ，早期に参加した人から優先的に面接の日時をネットから選べる。早く参加するほど早く選考を終える事ができる。面接結果の連絡が次の日か即日で，待ち時間がなく良かった

> 総合営業職は，話す内容よりコミュニケーション力を見られます。最後まで気を抜かず頑張って下さい

総合営業職 2018卒

エントリーシート

・形式：履歴書のみ

セミナー

・選考とは無関係
・服装：リクルートスーツ
・内容：企業紹介，座談会

筆記試験

・形式：Webテスト
・科目：SPI（数学，算数／国語，漢字／性格テスト）

面接（個人・集団）

・雰囲気：和やか
・質問内容：学生時代頑張ったことの深掘り，ストレス発散法，逆質問，他社状況や志望業界

内定

・拘束や指示：特になし
・通知方法：電話
・タイミング：予定通り

● その他受験者からのアドバイス

・選考フローが不透明すぎる。面接の回数が人それぞれ違うこと。私は囲い込みをされて，話す内容がないのにも関わらず何度も面接に呼ばれて無駄だった

周りの意見にながされず，自分のやりたい仕事をやることが一番だと思います。頑張ってください

総合営業職 2018卒

エントリーシート

・形式：履歴書のみ

セミナー

・筆記や面接などが同時に実施される，選考と関係のあるものだった
・服装：クルートスーツ
・内容：茶話会や女性社員と語る会を倒しながら，選考を進めていく

筆記試験

・形式：Webテスト
・科目：SPI（数学，算数／国語，漢字）

面接（個人・集団）

・雰囲気：和やか
・回数：2回
・質問内容：なぜ営業職を志望したのか，将来の自分のキャリア像，友達や家族に保険に加入してもらうことになるが抵抗はないか

内定

・拘束や指示：拘束はされず，第一志望が終わるまで待ってくれた。内々定もその場で告げられ，そのまま書類記入をした
・タイミング：予定より早い

● その他受験者からのアドバイス

・よかった点は，内定がその場ですぐに出たので安心した
・よくなかった点は，途中から座談会→面接へとすり替わるので，どこからが面接なのか解りにくかった

✔ 有価証券報告書の読み方

01 部分的に読み解くことからスタートしよう

「有価証券報告書（以下，有報）」という名前を聞いたことがある人も少なくはないだろう。しかし，実際に中身を見たことがある人は決して多くはないのではないだろうか。有報とは上場企業が年に1度作成する，企業内容に関する開示資料のことをいう。開示項目には決算情報や事業内容について，従業員の状況等について記載されており，誰でも自由に見ることができる。

一般的に有報は，証券会社や銀行の職員，または投資家などがこれを読み込み，その後の戦略を立てるのに活用しているイメージだろう。その認識は間違いではないが，だからといって就活に役に立たないというわけではない。就活を有利に進める上で，お得な情報がふんだんに含まれているのだ。ではどの部分が役に立つのか，実際に解説していく。

■有価証券報告書の開示内容

では実際に，有報の開示内容を見てみよう。

有価証券報告書の開示内容

第一部【企業情報】
    第1　【企業の概況】
    第2　【事業の状況】
    第3　【設備の状況】
    第4　【提出会社の状況】
    第5　【経理の状況】
    第6　【提出会社の株式事務の概要】
    第7　【提出会社の状参考情報】
第二部【提出会社の保証会社等の情報】
    第1　【保証会社情報】
    第2　【保証会社以外の会社の情報】
    第3　【指数等の情報】

有報は記載項目が統一されているため，どの会社に関しても同じ内容で書かれている。このうち就活において必要な情報が記載されているのは，第一部の第1【企業の概況】～第5【経理の状況】まで，それ以降は無視してしまってかまわない。

02 企業の概況の注目ポイント

第1【企業の概況】には役立つ情報が満載。そんな中，最初に注目したいのは，冒頭に記載されている【主要な経営指標等の推移】の表だ。

回次		第25期	第26期	第27期	第28期	第29期
決算年月		平成24年3月	平成25年3月	平成26年3月	平成27年3月	平成28年3月
営業収益	(百万円)	2,532,173	2,671,822	2,702,916	2,756,165	2,867,199
経常利益	(百万円)	272,182	317,487	332,518	361,977	428,902
親会社株主に帰属する当期純利益	(百万円)	108,737	175,384	199,939	180,397	245,309
包括利益	(百万円)	109,304	197,739	214,632	229,292	217,419
純資産額	(百万円)	1,890,633	2,048,192	2,199,357	2,304,976	2,462,537
総資産額	(百万円)	7,060,409	7,223,204	7,428,303	7,605,690	7,789,762
1株当たり純資産額	(円)	4,738.51	5,135.76	5,529.40	5,818.19	6,232.40
1株当たり当期純利益	(円)	274.89	443.70	506.77	458.95	625.82
潜在株式調整後1株当たり当期純利益	(円)	—	—	—	—	—
自己資本比率	(%)	26.5	28.1	29.4	30.1	31.4
自己資本利益率	(%)	5.9	9.0	9.5	8.1	10.4
株価収益率	(倍)	19.0	17.4	15.0	21.0	15.5
営業活動によるキャッシュ・フロー	(百万円)	558,650	588,529	562,763	622,762	673,109
投資活動によるキャッシュ・フロー	(百万円)	△370,684	△465,951	△474,697	△476,844	△499,575
財務活動によるキャッシュ・フロー	(百万円)	△152,428	△101,151	△91,367	△86,636	△110,265
現金及び現金同等物の期末残高	(百万円)	167,525	189,262	186,057	245,170	307,809
従業員数 [ほか、臨時従業員数]	(人)	71,729 [27,746]	73,017 [27,312]	73,551 [27,736]	73,329 [27,313]	73,053 [26,147]

見慣れない単語が続くが，そう難しく考える必要はない。特に注意してほしいのが，**営業収益**，**経常利益**の二つ。営業収益とはいわゆる**総売上額**のことであり，これが企業の本業を指す。その営業収益から営業費用（営業費（販売費＋一般管理費）＋売上原価）を差し引いたものが**営業利益**となる。会社の業種はなんであれ，モノを顧客に販売した合計値が営業収益であり，その営業収益から人件費や家賃，広告宣伝費などを差し引いたものが営業利益と覚えておこう。対して経常利益は営業利益から本業以外の損益を差し引いたもの。いわゆる金利による収益や不動産収入などがこれにあたり，本業以外でその会社がどの程度の力をもっているかをはかる絶好の指標となる。

■**会社のアウトラインを知れる情報が続く。**

　この主要な経営指標の推移の表につづいて、「会社の沿革」、「事業の内容」、「関係会社の状況」「従業員の状況」などが記載されている。自分が試験を受ける企業のことを、より深く知っておくにこしたことはない。会社がどのように発展してきたのか、主としている事業はどのようなものがあるのか、従業員数や平均年齢はどれくらいなのか、志望動機などを作成する際に役立ててほしい。

03　事業の状況の注目ポイント

　第2となる【事業の状況】において、最重要となるのは**業績等の概要**といえる。ここでは1年間における収益の増減の理由が文章で記載されている。「○○という商品が好調に推移したため、売上高は△△になりました」といった情報が、比較的易しい文章で書かれている。もちろん、損失が出た場合に関しても包み隠さず記載してあるので、その会社の1年間の動向を知るための格好の資料となる。

　また、業績については各事業ごとに細かく別れて記載してある。例えば鉄道会社ならば、①運輸業、②駅スペース活用事業、③ショッピング・オフィス事業、④その他といった具合だ。**どのサービス・商品がどの程度の売上を出したのか**、会社の持つ展望として、今後**どの事業をより活性化**していくつもりなのか、などを意識しながら読み進めるとよいだろう。

■**「対処すべき課題」と「事業等のリスク」**

　業績等の概要と同様に重要となるのが、**「対処すべき課題」**と**「事業等のリスク」**の2項目といえる。ここで読み解きたいのは、その会社の**今後の伸びしろ**について。いま、会社はどのような状況にあって、どのような課題を抱えているのか。また、その課題に対して取られている対策の具体的な内容などから経営方針などを読み解くことができる。リスクに関しては法改正や安全面、他の企業の参入状況など、会社にとって決してプラスとは言えない情報もつつみ隠さず記載してある。客観的にその会社を再評価する意味でも、ぜひ目を通していただきたい。

　次代を担う就活生にとって、ここの情報はアピールポイントとして組み立てやすい。「新事業の○○の発展に際して……」、「御社が抱える●●というリスクに対して……」などという発言を面接時にできれば、面接官の心証も変わってくるはずだ。

　最後に注目したいのが，第5【経理の状況】だ。ここでは，簡単にいえば【主要な経営指標等の推移】の表をより細分化した表が多く記載されている。ここの情報をすべて理解するのは，簿記の知識がないと難しい。しかし，そういった知識があまりなくても，読み解ける情報は数多くある。例えば**損益計算書**などがそれに当たる。

連結損益計算書

（単位：百万円）

	前連結会計年度 （自 平成26年4月1日 至 平成27年3月31日）	当連結会計年度 （自 平成27年4月1日 至 平成28年3月31日）
営業収益	2,756,165	2,867,199
営業費		
運輸業等営業費及び売上原価	1,806,181	1,841,025
販売費及び一般管理費	※1 522,462	※1 538,352
営業費合計	2,328,643	2,379,378
営業利益	427,521	487,821
営業外収益		
受取利息	152	214
受取配当金	3,602	3,703
物品売却益	1,438	998
受取保険金及び配当金	8,203	10,067
持分法による投資利益	3,134	2,565
雑収入	4,326	4,067
営業外収益合計	20,858	21,616
営業外費用		
支払利息	81,961	76,332
物品売却損	350	294
雑支出	4,090	3,908
営業外費用合計	86,403	80,535
経常利益	361,977	428,902
特別利益		
固定資産売却益	※4 1,211	※4 838
工事負担金等受入額	※5 59,205	※5 24,487
投資有価証券売却益	1,269	4,473
その他	5,016	6,921
特別利益合計	66,703	36,721
特別損失		
固定資産売却損	※6 2,088	※6 1,102
固定資産除却損	※7 3,957	※7 5,105
工事負担金等圧縮額	※8 54,253	※8 18,346
減損損失	※9 12,738	12,297
耐震補強重点対策関連費用	8,906	10,288
災害損失引当金繰入額	1,306	25,085
その他	30,128	8,537
特別損失合計	113,379	80,763
税金等調整前当期純利益	315,300	384,860
法人税，住民税及び事業税	107,540	128,972
法人税等調整額	26,202	9,326
法人税等合計	133,742	138,298
当期純利益	181,558	246,561
非支配株主に帰属する当期純利益	1,160	1,251
親会社株主に帰属する当期純利益	180,397	245,309

　主要な経営指標等の推移で記載されていた**経常利益**の算出する上で必要な営業外収益などについて，詳細に記載されているので，一度目を通しておこう。
　いよいよ次ページからは実際の有報が記載されている。ここで得た情報をもとに有報を確実に読み解き，就職活動を有利に進めよう。

✔ 有価証券報告書

※抜粋

企業の概況

1 主要な経営指標等の推移

（1） 連結経営指標等

回次		第117期	第118期	第119期	第120期	第121期
決算年月		2019年3月	2020年3月	2021年3月	2022年3月	2023年3月
保険料等収入	（百万円）	5,344,016	4,885,407	4,730,301	5,291,973	6,635,483
資産運用収益	（百万円）	1,583,228	1,876,634	2,719,584	2,551,112	2,280,833
保険金等支払金	（百万円）	3,839,105	4,870,794	5,001,109	5,855,703	6,443,986
経常利益	（百万円）	432,945	218,380	552,861	590,897	410,900
契約者配当準備金繰入額	（百万円）	87,500	82,500	77,500	87,500	95,000
親会社株主に帰属する 当期純利益	（百万円）	225,035	32,433	363,777	409,353	192,301
包括利益	（百万円）	72,613	167,564	1,143,981	△130,395	△1,330,832
純資産額	（百万円）	3,713,592	3,776,918	4,807,129	4,408,507	2,873,114
総資産額	（百万円）	55,941,261	60,011,999	63,593,705	65,881,161	61,578,872
1株当たり純資産額	（円）	3,240.72	3,344.23	4,329.08	4,302.56	2,921.75
1株当たり当期純利益	（円）	194.43	28.53	325.61	383.15	189.28
潜在株式調整後1株当たり 当期純利益	（円）	194.29	28.51	325.41	382.96	189.21
自己資本比率	（％）	6.6	6.3	7.6	6.7	4.7
自己資本利益率	（％）	6.0	0.9	8.5	8.9	5.3
株価収益率	（倍）	7.9	45.4	5.8	6.5	12.9
営業活動による キャッシュ・フロー	（百万円）	1,696,993	590,084	△79,904	△462,076	△132,468
投資活動による キャッシュ・フロー	（百万円）	△1,347,136	△896,437	551,362	963,276	310,437
財務活動による キャッシュ・フロー	（百万円）	△143,428	784,869	65,587	△180,707	△325,447
現金及び現金同等物の 期末残高	（百万円）	1,237,077	1,697,582	2,262,910	2,616,743	2,517,285
従業員数	（名）	62,938	63,719	64,823	62,260	60,997

（注） 1株当たり情報の算定上の基礎となる「1株当たり純資産額の算定に用いられた連結会計年度末の普通
株式の数」並びに「普通株式の期中平均株式数」の計算において控除する自己株式には，株式給付信

（point） **主要な経営指標等の推移**

数年分の経営指標の推移がコンパクトにまとめられている。見るべき箇所は連結の売
上，利益，株主資本比率の3つ。売上と利益は順調に右肩上がりに伸びているか，逆
に利益で赤字が続いていたりしないかをチェックする。株主資本比率が高いとリーマ
ンショックなど景気が悪化したときなどでも経営が傾かないという安心感がある。

託 (J-ESOP) により信託口が所有する当社株式が含まれております。

(2) 提出会社の経営指標等 ·······································

回次		第117期	第118期	第119期	第120期	第121期
決算年月		2019年3月	2020年3月	2021年3月	2022年3月	2023年3月
営業収益	(百万円)	157,816	185,846	190,425	205,479	269,261
経常利益	(百万円)	145,683	171,555	175,928	188,635	249,258
当期純利益	(百万円)	144,494	87,126	216,513	167,237	249,633
資本金	(百万円)	343,326	343,517	343,732	343,926	344,074
発行済株式総数	(株)	1,198,208,200	1,198,443,000	1,198,755,800	1,031,348,700	989,888,900
純資産額	(百万円)	1,257,325	1,249,959	1,367,153	1,266,171	1,311,178
総資産額	(百万円)	1,708,202	1,698,789	1,896,259	1,868,818	2,017,358
1株当たり純資産額	(円)	1,096.55	1,106.13	1,230.60	1,235.26	1,333.11
1株当たり配当額 (うち1株当たり中間配当額)	(円)	58.00 (—)	62.00 (—)	62.00 (—)	83.00 (—)	86.00 (—)
1株当たり当期純利益金額	(円)	124.84	76.65	193.80	156.53	245.71
潜在株式調整後1株当たり当期純利益金額	(円)	124.75	76.60	193.68	156.46	245.62
自己資本比率	(%)	73.5	73.5	72.0	67.7	65.0
自己資本利益率	(%)	11.7	7.0	16.6	12.7	19.4
株価収益率	(倍)	12.3	16.9	9.8	16.0	9.9
配当性向	(%)	46.5	80.9	32.0	53.0	35.0
従業員数	(名)	634	685	726	801	801
株主総利回り (比較指標：TOPIX（配当込み）)	(%) (%)	82.2 (95.0)	72.9 (85.9)	107.3 (122.1)	142.3 (124.6)	143.4 (131.8)
最高株価	(円)	2,467.5	1,899.5	2,047.50	2,816.50	3,130.00
最低株価	(円)	1,512.5	1,018.5	1,203.50	1,880.00	2,211.50

(注) 1　1株当たり情報の算定上の基礎となる「1株当たり純資産額の算定に用いられた事業年度末の普通株式の数」並びに「普通株式の期中平均株式数」の計算において控除する自己株式には，株式給付信託 (J-ESOP) により信託口が所有する当社株式が含まれております。

　　 2　最高株価及び最低株価は，2022年4月3日以前は東京証券取引所（市場第一部）におけるものであり，2022年4月4日以降は東京証券取引所（プライム市場）におけるものであります。

2 沿革

当社は1902年9月，日本で最初の相互会社形態による保険会社として設立されました。

当社の設立日以後の当社及び当社関係会社に係る重要な事項は以下に記載のとおりであります。

年月	概要
1902年9月	・当社を設立（基金20万円），本社所在地：東京府東京市日本橋区新右衛門町14・15番地
1906年9月	・本社を移転：東京市日本橋区通三丁目
1921年4月	・本社を移転：東京市京橋区南伝馬町三丁目「第一相互館」
1938年11月	・本社を移転：東京市麹町区有楽町一丁目「第一生命館」
1945年9月	・本社を「第一相互館」へ移転（第一生命館の連合国軍総司令部庁舎としての接収により）
1952年9月	・本社を「第一生命館」へ移転（第一生命館の連合国軍総司令部庁舎としての接収解除により）
1985年7月	・第一生命投資顧問株式会社（現アセットマネジメントOne株式会社）を設立
1996年8月	・第一ライフ損害保険株式会社を設立
1998年10月	・株式会社日本興業銀行（現株式会社みずほフィナンシャルグループ）と全面業務提携
1999年10月	・興銀第一ライフ・アセットマネジメント株式会社を発足（2008年4月にDIAMアセットマネジメント株式会社に商号変更。現アセットマネジメントOne株式会社）
2000年8月	・安田火災海上保険株式会社（現損害保険ジャパン株式会社）と包括業務提携
2000年9月	・American Family Life Assurance Company of Columbusと業務提携
2001年10月	・企業年金ビジネスサービス株式会社を設立
2001年11月	・日本経営品質賞を受賞
2002年4月	・第一ライフ損害保険株式会社を安田火災海上保険株式会社（現損害保険ジャパン株式会社）と合併の上，解散
2005年7月	・ジャパンエクセレントアセットマネジメント株式会社へ出資
2006年12月	・第一フロンティア株式会社（現第一フロンティア生命保険株式会社）を設立
2007年1月	・Bao Minh CMG Life Insurance Company Limitedを買収し，Dai-ichi Life Insurance Company of Vietnam, Limitedとして子会社化
2007年7月	・株式会社りそなホールディングスと業務提携
2007年12月	・インドのStar Union Dai-ichi Life Insurance Company Limitedへ出資

2008年7月	・ タイのOcean Life Insurance Co., Ltd.（現OCEAN LIFE INSURANCE PUBLIC COMPANY LIMITED）へ出資及び業務提携
2008年8月	・オーストラリアのTower Australia Group Limited（現TALグループ）へ出資（同年10月に関連会社化）及び業務提携
2010年4月	・相互会社から株式会社への組織変更を実施し，当社株式を東京証券取引所市場第一部へ上場 Tower Australia Group Limited（現TALグループ）の全株取得を行い，同社を子会社化
2011年5月	・米国のJanus Capital Group Inc.との間で出資・業務提携契約を締結
2012年8月	・インドネシアのPT Panin Life（現PT Panin Dai-ichi Life）及びその中間持株会社であるPT Panin
2013年10月	・Internasionalへ出資し，両社を関連会社化
2014年3月	・第一フロンティア生命保険株式会社の全株取得を行い，同社を完全子会社化
2014年8月	・損保ジャパン・ディー・アイ・ワイ生命保険株式会社（現ネオファースト生命保険株式会社）の全株取得を行い，同社を子会社化
2015年2月	・米国のProtective Life Corporationの全株取得を行い，同社を子会社化
2016年3月	・株式会社かんぽ生命保険と業務提携
2016年10月	・第一生命ホールディングス株式会社に商号変更するとともに，事業目的をグループ会社の経営管理等に変更 ・DIAMアセットマネジメント株式会社が，みずほ信託銀行株式会社の資産運用部門，みずほ投信投資顧問株式会社及び新光投信株式会社と統合し，アセットマネジメントOne株式会社を発足
2017年5月	・米国のJanus Capital Group Inc.が英国のHenderson Group plcと統合し，Janus Henderson Group plcが発足
2018年3月	・カンボジアでDai-ichi Life Insurance（Cambodia）PLC.を設立
2018年5月	・Janus Henderson Group plcの株式取得を行い，同社を関連会社化
2019年2月	・オーストラリアのTAL Dai-ichi Life Australia Pty LimitedがSuncorp Life & Superannuation Limited（現Asteron Life & Superannuation Limited）を買収し，同社を子会社化
2019年5月	・ミャンマーでDai-ichi Life Insurance Myanmar Ltd.を設立
2020年6月	・第一生命インターナショナルホールディングス合同会社を設立
2020年12月	・英領バミューダでDai-ichi Life Reinsurance Bermuda Ltd.を子会社化
2021年2月	・Janus Henderson Group plcとの出資・業務提携契約を解消，持分法適用会社から除外し，新たな業務提携契約を締結
2021年4月	・第一スマート少額短期保険株式会社が少額短期保険営業を開始

2022年8月	・バーテックス・インベストメント・ソリューションズ株式会社を設立
	・オーストラリアのTAL Dai-ichi Life Australia Pty LimitedがWestpac Life Insurance Services Limited（現TAL Life Insurance Services Limited）を買収し，同社を子会社化
2022年11月	・ニュージーランドのPartners Group Holdings Limitedを買収し，同社を子会社化
2023年1月	・アイペットホールディングス株式会社を株式公開買付けにより買収し，同社を子会社化

3　事業の内容

　当社グループは2023年3月31日現在，当社（保険持株会社）及び当社の関係会社（子会社125社及び関連会社30社）によって構成されております。

　事業の系統図は，次のとおりであります。

　会社名は主要な連結子会社・持分法適用関連会社を記載しております。「※」を表示した会社は2023年3月期末時点での連結子会社，「○」を表示した会社は同持分法適用関連会社であります。

　なお，当社は特定上場会社等に該当し，インサイダー取引規制の重要事実の軽微基準のうち，上場会社の規模との対比で定められる数値基準については連結ベースの計数に基づいて判断することとなります。

(point) **沿革**

　どのように創業したかという経緯から現在までの会社の歴史を年表で知ることができる。過去に行った重要なM＆Aなどがいつ行われたのか，ブランド名はいつから使われているのか，いつ頃から海外進出を始めたのか，など確認することができて便利だ。

国内保険事業
※第一生命保険株式会社
※第一フロンティア生命保険株式会社
※ネオファースト生命保険株式会社
※アイペットホールディングス株式会社
※アイペット損害保険株式会社

海外保険事業
※Protective Life Corporation
※TAL Dai-ichi Life Australia Pty Ltd
※TAL Life Limited
※TAL Life Insurance Services Limited
※Partners Group Holdings Limited
※Partners Life Limited
※Dai-ichi Life Insurance Company of Vietnam, Limited
※Dai-ichi Life Insurance (Cambodia) PLC.
※Dai-ichi Life Insurance Myanmar Ltd.
※Dai-ichi Life Reinsurance Bermuda Ltd.
○Star Union Dai-ichi Life Insurance Company Limited
○PT Panin Internasional
○PT Panin Dai-ichi Life
○OCEAN LIFE INSURANCE PUBLIC COMPANY LIMITED

その他事業
※第一生命インターナショナルホールディングス合同会社
※バーテックス・インベストメント・ソリューションズ株式会社
○企業年金ビジネスサービス株式会社
○アセットマネジメントOne株式会社
○ジャパンエクセレントアセットマネジメント株式会社

第一生命ホールディングス株式会社(保険持株会社)

4 関係会社の状況

　当社の関係会社（非連結子会社・持分法を適用していない関連会社を除く。）の状況は以下のとおりであります（2023年3月31日現在）。

　ただし，アイペットホールディングス株式会社傘下の2社のうち，アイペット損害保険株式会社以外の1社（当社の連結子会社1社），Protective Life Corporation傘下の54社（当社の連結子会社48社及び持分法適用関連会社6社），TAL Dai-ichi Life Australia Pty Ltd 傘下の16社のうち，TAL Life Limited，TAL Life Insurance Services Limited以外の14社（当社の連結子会社14社），Partners Group Holdings Limited傘下7社のうち，Partners Life Limited以外の6社（当社の連結子会社6社），Dai-ichi Life Insurance Company of Vietnam，Limited傘下の1社（当社の連結子会社1社），PT Panin Internasional傘下の3社のうち，PT Panin Dai-ichi Life以外の2社（当社の持分法適用関連会社2社），

アセットマネジメントOne株式会社の傘下の8社（当社の持分法適用関連会社8社）は重要性に乏しいため，記載を省略しております。

名称	住所	資本金又は出資金（億円）	主要な事業の内容(注)1	議決権の所有割合(注)2（%）	当社との関係内容(注)3
（連結子会社）					
第一生命保険株式会社（注）4（注）5	東京都千代田区	600	国内保険事業	100.0	国内保険事業における子会社として生命保険事業を営んでおり、当社と経営管理契約を締結しております（役員の兼務2名）。
第一フロンティア生命保険株式会社（注）4（注）6	東京都港区	1,175	国内保険事業	100.0	国内保険事業における子会社として生命保険事業を営んでおり、当社と経営管理契約を締結しております（役員の兼務2名）。
ネオファースト生命保険株式会社(注)4	東京都品川区	475	国内保険事業	100.0	国内保険事業における子会社として生命保険事業を営んでおり、当社と経営管理契約を締結しております（役員の兼務2名）。
アイペットホールディングス株式会社	東京都江東区	1	国内保険事業	100.0	国内保険事業における持株会社として傘下の会社が主に損害保険事業を営んでおり、当社と経営管理契約を締結しております。
アイペット損害保険株式会社	東京都江東区	46	国内保険事業	100.0（100.0）	国内保険事業における子会社として損害保険事業を営んでおります。
Protective Life Corporation（注）4（注）7	米国バーミングハム	10米ドル	海外保険事業	100.0（100.0）	海外保険事業における持株会社として傘下の会社が主に生命保険事業を営んでおり、当社と経営管理契約を締結しております（役員の兼務1名）。
TAL Dai-ichi Life Australia Pty Ltd(注)4	オーストラリアシドニー	3,055百万豪ドル	海外保険事業	100.0（100.0）	海外保険事業における持株会社として傘下の会社が主に生命保険事業を営んでおり、当社と経営管理契約を締結しております。（役員の兼務1名）。
TAL Life Limited(注)4	オーストラリアシドニー	654百万豪ドル	海外保険事業	100.0（100.0）	海外保険事業における子会社として生命保険事業を営んでおります。（役員の兼務1名）。
TAL Life Insurance Services Limited(注)4	オーストラリアシドニー	856百万豪ドル	海外保険事業	100.0（100.0）	海外保険事業における子会社として生命保険事業を営んでおります。（役員の兼務1名）。
Partners Group Holdings Limited(注)4	ニュージーランドオークランド	486百万ニュージーランドドル	海外保険事業	100.0（100.0）	海外保険事業における持株会社として生命保険事業を営んでおり、当社と経営管理契約を締結しております（役員の兼務1名）。

(point) 事業の内容

会社の事業がどのようにセグメント分けされているか，そして各セグメントではどのようなビジネスを行っているかなどの説明がある。また最後に事業の系統図が載せてあり，本社，取引先，国内外子会社の製品・サービスや部品の流れが分かる。ただセグメントが多いコングロマリットをすぐに理解するのは簡単ではない。

名称	住所	資本金又は出資金（億円）	主要な事業の内容(注)1	議決権の所有割合(注)2（%）	当社との関係内容(注)3
（連結子会社）					
Partners Life Limited(注)4	ニュージーランドオークランド	519百万ニュージーランドドル	海外保険事業	100.0(100.0)	海外保険事業における子会社として生命保険事業を営んでおります。（役員の兼務1名）。
Dai-ichi Life Insurance Company of Vietnam, Limited(注)4	ベトナムホーチミン	97,975億ベトナムドン	海外保険事業	100.0	海外保険事業における子会社として生命保険事業を営んでおり、当社と経営管理契約を締結しております（役員の兼務1名）。
Dai-ichi Life Insurance (Cambodia) PLC.	カンボジアプノンペン	33百万米ドル	海外保険事業	100.0(100.0)	海外保険事業における子会社として生命保険事業を営んでおり、当社と経営管理契約を締結しております。
Dai-ichi Life Insurance Myanmar Ltd.	ミャンマーヤンゴン	49百万米ドル	海外保険事業	100.0(100.0)	海外保険事業における子会社として生命保険事業を営んでおり、当社と経営管理契約を締結しております。
Dai-ichi Life Reinsurance Bermuda Ltd.	英領バミューダ	135百万米ドル	海外保険事業	100.0	海外保険事業における子会社として再保険事業を営んでおります。
第一生命インターナショナルホールディングス合同会社(注)4	東京都千代田区	0.05	その他事業	100.0	その他事業における子会社で日本国外において保険業を行う会社その他の子会社・関連会社の経営管理業務を営んでおります。
バーテックス・インベストメント・ソリューションズ株式会社	東京都千代田区	15	その他事業	100.0	その他事業における子会社として投資運用・投資助言事業を営んでおります。
（持分法適用関連会社）					
Star Union Dai-ichi Life Insurance Company Limited	インドナビムンバイ	3,389百万インドルピー	海外保険事業	45.9(45.9)	海外保険事業における関連会社として生命保険事業を営んでおります。
PT Panin Internasional	インドネシアジャカルタ	10,225億インドネシアルピア	海外保険事業	36.8(36.8)	海外保険事業における持株会社として傘下の会社が主に生命保険事業を営んでおります。
PT Panin Dai-ichi Life	インドネシアジャカルタ	10,673億インドネシアルピア	海外保険事業	5.0[95.0]	海外保険事業における関連会社として生命保険事業を営んでおります。
OCEAN LIFE INSURANCE PUBLIC COMPANY LIMITED	タイバンコク	2,360百万タイバーツ	海外保険事業	24.0(24.0)	海外保険事業における関連会社として生命保険事業を営んでおります。
企業年金ビジネスサービス株式会社	大阪府大阪市	60	その他事業	50.0(50.0)	その他事業における関連会社として生命保険関連事業を営んでおります。
アセットマネジメントOne株式会社	東京都千代田区	20	その他事業	49.0	その他事業における関連会社として投資運用・投資助言事業を営んでおります。
ジャパンエクセレントアセットマネジメント株式会社	東京都港区	4	その他事業	36.0(36.0)	その他事業における関連会社として投資運用・投資助言事業を営んでおります。

なお，関係会社のうち，有価証券届出書又は有価証券報告書を提出している会社及び重要な債務超過の状況にある会社はありません。

(注) 1　1　「主要な事業の内容」欄には，セグメント情報に記載された名称を記載しております。

　　　2　「議決権の所有割合」欄の（　）内は，子会社による間接所有の割合で内書きとしております。また，PT Panin Dai-ichi Lifeについては［　］内に，「自己と出資，人事，資金，技術，取引等において緊密な関係にあることにより自己の意思と同一の内容の議決権を行使すると認められる者及び自己の意思と同一の内容の議決権を行使することに同意している者」による所有割合で外書きとしております。

　　　3　「当社との関係内容」欄の役員の兼務に記載がある場合は，当社役員（取締役）と関係会社役員（取締役・監査役）の兼務人数を記載しております。

　　　4　第一生命保険株式会社，第一フロンティア生命保険株式会社，ネオファースト生命保険株式会社，Protective Life Corporation，TAL Dai-ichi Life Australia Pty Ltd，TAL Life Limited，TAL Life Insurance Services Limited，Partners Group Holdings Limited，Partners Life Limited，Dai-ichi Life Insurance Company of Vietnam, Limited，第一生命インターナショナルホールディングス合同会社は，当社の特定子会社であります。

　　　5　第一生命保険株式会社は，当社の特定子会社であり，連結財務諸表の売上高（経常収益）に占める同社の売上高（経常収益）の割合が100分の10を超えております。

　　　〔主要な損益情報等（億円）〕

経常収益	41,398
経常利益	3,535
当期純利益	1,656
純資産額	21,000
総資産額	342,643

　　　6　第一フロンティア生命保険株式会社は，当社の特定子会社であり，連結財務諸表の売上高（経常収益）に占める同社の売上高（経常収益）の割合が100分の10を超えております。

　　　〔主要な損益情報等（億円）〕

経常収益	39,992
経常利益	139
当期純利益	64
純資産額	1,965
総資産額	86,383

　　　7　Protective Life Corporationは，当社の特定子会社であり，連結財務諸表の売上高（経常収益）に占める同社の売上高（経常収益）の割合が100分の10を超えております。

　　　〔主要な損益情報等（億円）〕

経常収益	17,159
経常利益	252
当期純利益	184
純資産額	2,946

総資産額　　　　　150,152

（なお，数値は同社の子会社48社及び関連会社6社を連結したものであります。）

5　従業員の状況

（1）　連結会社の状況

2023年3月31日現在

セグメントの名称	従業員数(注)
国内保険事業	50,565名
海外保険事業	9,599名
その他事業	833名
合　計	60,997名

(注)　従業員数は，就業人員数（当社及び連結子会社から他社への出向者を除き，他社から当社及び連結子会社への出向者を含んでおります。）であり，執行役員は含んでおりません。また，パートタイマー等の臨時従業員数は従業員数の100分の10未満であるため，記載を省略しております。

（2）　提出会社の状況

2023年3月31日現在

(単位未満切捨)

従業員数(注)1	平均年齢	平均勤続年数(注)2	平均年間給与(注)3
801名	42歳　2ヶ月	15年　9ヶ月	9,722千円

(注)1　従業員数は，就業人員数（当社から他社への出向者を除き，他社から当社への出向者及び他社との兼務者を含んでおります。）であり，執行役員は含んでおりません。また，パートタイマー等の臨時従業員数は，従業員数の100分の10未満であるため，記載を省略しております。

　　2　当社従業員は全て，他社からの出向者及び他社との兼務者であり，平均勤続年数は各社での勤続年数を通算しております。

　　3　平均年間給与は，賞与及び基準外賃金を含んでおります。

　　4　当社のセグメントはその他事業のみの単一セグメントであり，当社従業員は全て，セグメント情報の「その他事業」に属しております。

（3）　労働組合との間で特記すべき事項

　当社グループ従業員に関する労働組合としては，1952年3月31日に結成された第一生命労働組合があり，全国生命保険労働組合連合会に加盟しております。また，Dai-ichi Life Insurance Company of Vietnam, Limitedには，従業員の過半数が加入し，同社と労働条件に係る折衝を行う第一生命ベトナム労働組合（正

(point) 関係会社の状況

　主に子会社のリストであり，事業内容や親会社との関係についての説明がされている。特に製造業の場合などは子会社の数が多く，すべてを把握することは難しいが，重要な役割を担っている子会社も多くある。有報の他の項目では一度も触れられていない場合が多いので，気になる会社については個別に調べておくことが望ましい。

式名称：the TradeUnion of Dai-ichi Life Insurance Company of Vietnam, Ltd.）
があります。いずれも労使関係については円滑な関係にあり，特記すべき事項は
ありません。

事業の状況

1　経営方針，経営環境及び対処すべき課題等

　文中の将来に関する事項は，当連結会計年度末現在において，当社グループが
判断したものであります。

（1）　グループの理念体系

　グループ理念体系（Mission・Vision・Values・Brand Message）の共有により，
グループ各社が，それぞれの地域や国で，生命保険の提供を中心に人々の安心で
豊かな暮らしと地域社会の発展に貢献いたします。また，グループ戦略の共有に
より，各社がベクトルをあわせてグループ価値の最大化と持続的な成長を目指し
ます。

　2022年に創業120周年を迎えた当社グループは，将来にわたって，すべての
人々が世代を超えて安心に満ち，豊かで健康な人生を送れるwell-being（幸せ）
に貢献し続けられる存在でありたいと考えております。そのため，事業領域を4
つの体験価値（保障，資産形成・承継，健康・医療，つながり・絆）へと拡げる
ことで，従来に増してお客さまに寄り添ってまいります。また，私たちが追求す
るすべての人々の幸せは，社会のサステナビリティがあってこそ実現するもので
あります。今般，社会の持続可能性の実現を事業運営の根幹と位置付け，地域・
社会の持続性確保に関する重要課題にも，従来に増して取り組んでまいります。

　こうした考えの下，当社グループが安心，豊かさ，健康といった体験価値の総体としてのwell-being（幸せ）をお届けすることをグループが一丸となって目指すため，2022年3月期より，グループビジョンを"Protect and improve the well-being of all"（すべての人々の幸せを守り，高める。）へと改めました。

■ 第一生命グループの理念体系

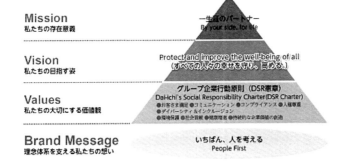

Mission：私たちの存在意義

「一生涯のパートナー」

"By your side, for life"

　当社グループは，1902年，日本での創業以来，お客さま本位（お客さま第一）を経営の基本理念に据え，生命保険の提供を中心に，地域社会への貢献に努めてまいりました。

　これからも，お客さまとお客さまの大切な人々の"一生涯のパートナー"として，グループ各社が，それぞれの地域で，人々の安心で豊かな暮らしと地域

社会の発展に貢献してまいります。

Vision：私たちの目指す姿

「すべての人々の幸せを守り，高める」

"Protect and improve the well-being of all"

　当社グループは安心，豊かさ，健康といった体験価値の総体としてのwell-being（幸せ）をお届けすることをグループが一丸となって目指してまいります。

Values：私たちの大切にする価値観

「グループ企業行動原則（DSR憲章）」

"Dai-ichi's Social Responsibility Charter（DSR Charter）"

　当社グループは，お客さま，社会，株主・投資家の皆さま，従業員からの期待に応え続けるための企業行動原則として「DSR憲章」を定め，持続可能な社会づくりに貢献いたします。

　「DSR」とは，「第一生命グループの社会的責任（Dai-ichi's Social Responsibility＝DSR）」を表し，PDCAサイクルを全社で回すことを通じた経営品質の絶えざる向上によって各ステークホルダーに向けた社会的責任を果たすと同時に，当社グループの企業価値を高めていく独自の枠組みであります。

Brand Message：理念体系を支える私たちの想い

「いちばん，人を考える」"People First"

　いちばん，お客さまから支持される保険グループになるために，以下の4つの視点から誰よりも「人」を考える会社を目指してまいります。

いちばん，品質の高い会社

いちばん，生産性の高い会社

いちばん，従業員の活気あふれる会社

いちばん，成長する期待の高い会社

(2)　経営環境及び対処すべき課題 ·····

　当社グループは2010年の株式会社化以降，複数の国内生命保険子会社設立によるマルチブランド・マルチチャネルの確立や，積極的な海外展開に取り組んでまいりました。2023年3月期には，ニュージーランドや国内ペット保険事業等，

(point) 従業員の状況

　主力セグメントや，これまで会社を支えてきたセグメントの人数が多い傾向があるのは当然のことだろう。上場している大企業であれば平均年齢は40歳前後だ。また労働組合の状況にページが割かれている場合がある。その情報を載せている背景として，労働組合の力が強く，人数を削減しにくい企業体質だということを意味している。

新たな地域や事業へのウィング拡大にも取り組み，事業ポートフォリオの深化と探索を進めました。

　足元では，地政学リスクの高まりや世界規模での金融・経済環境の大きな変動等，世界はますます予測困難なほどに複雑化し，急激で不連続な変化が起こる時代となっております。このように変化が激しく，先を見通すことが難しい時代の中では，過去の経験や常識にとらわれずに変革へ挑戦しなければ，持続的に成長し続けることはできません。

　私たちは，環境変化に対する感度を高め，未来志向の視点から自らの意識と行動を変え，変革の実現に挑戦してまいります。そして，すべてのステークホルダーの皆さまの期待を超える価値をお届けすることを目指してまいります。

① 経営環境

　2023年3月期の世界経済は，エネルギーや食糧の供給懸念等によって多くの国で物価上昇が進行し，それに伴う各国中央銀行の金融引締め等を背景に，2022年3月期対比で成長率は鈍化しました。日本経済は，新型コロナウイルス感染拡大に伴う行動制限や水際対策について緩和が進められる中で個人消費が回復した一方，円安進行に伴う物価高や海外経済の減速に伴う輸出の伸び悩みがみられ，景気回復ペースは緩やかなものにとどまりました。

　金融環境については，米国をはじめ多くの国・地域で金融引締めに舵が切られたことで，景気への先行き懸念から世界の株式市場は低調に推移しました。2023年3月には，米国の金融機関破綻に端を発する金融不安の発生から，金融市場が大きく調整する局面がありました。為替市場は，国内外の金融政策の差異が広がる中，一時1ドル＝150円台まで円安が進む等，大きく変動しました。国内では，2022年末に日本銀行が長期金利の変動許容幅の上限を0.25％から0.50％へ引き上げたことで，長期金利の上昇がみられました。

　国内外で生命保険事業を中心に事業を展開する当社グループは，コロナ禍における確実な保険金及び給付金のお支払い等を通じて，保険事業者としての役割を果たしてまいりました。また，経営環境が大きく変化する中，中期経営計画「Re-connect 2023」における4つの重要施策（国内事業，海外事業，財務・資本，サステナビリティ・経営基盤）を着実に進展させました。

課題認識	■真にお客さま本位の事業戦略・運営	・第一生命の企業風土・体質の改善とお客さま視点からの販売チャネル改革
	■加速的に早まる社会変容への対応	・デジタル化の加速やお客さまニーズの進化・多様化、サステナビリティへの対応
	■事業効率の向上と低資本効率からの脱却	・事業生産性向上による変化対応力確保、資本コストの低減と資本効率の向上
	■グループ運営のグローバル化	・海外事業比率の向上に相応しいグローバル経営体制の高度化

[新グループビジョン]
Protect and improve the well-being of all (すべての人々の幸せを守り、高める。)

重要施策	国内事業	海外事業	財務・資本	サステナビリティ・経営基盤
	ビジネスモデルの抜本的転換	環境変化に柔軟に対応し成長を牽引する事業ポートフォリオの構築	グループ事業を支える強靭な財務体質への変革と資本循環経営	サステナビリティ向上への使命・責任を果たし、人と社会と地球の幸せな未来を創る
	事業ポートフォリオにおける進化と探究の同時追求			

② 優先的に対処すべき課題

　新型コロナウイルス感染拡大を契機としたお客さまの価値観の変化やデジタル化の加速に加え，2023年3月期は世界的な物価高に端を発した各国中央銀行による金融引締めが進み，長く低金利環境が続いた日本においてもようやく金利上昇の兆しが見えてまいりました。2023年3月には，米国発の金融不安が生じる等，当社グループを取り巻く事業環境は大きく変化しております。このような環境変化の中，当社グループでは中期経営計画「Re-connect2023」の最終年度を迎えております。中期経営計画で掲げた4つの体験価値の提供に向けた取組みは着実に進展し，デジタルを活用した新たなお客さま接点の基盤も作り上げることができました。一方で，CXデザイン戦略の中心である生涯設計デザイナーチャネルの改革はまだ道半ばであります。保険業を狭義にとらえず，4つの領域（保障，資産形成・承継，健康・医療，つながり・絆）で価値を提供する保険サービス業へと進化するべく，新たな経営体制の下で，取組みを加速していきたいと考えております。

　国内事業では，第一生命保険株式会社（以下，「第一生命」という。）において，質と生産性を重視する「深化」を目指し，過去に例のないビジネスモデル変革に取り組んでおります。特にコンサルティングの担い手である生涯設計デザイナーの採用・育成制度改革を通じて，お客さまから選ばれ続けるチャネルへと進化するべく取組みを推進いたしました。しかし，コロナ禍からの回復途上であったことも重なり，営業業績は依然としてコロナ禍前の水準を大きく下回っております。2024年3月期は，中期経営計画仕上げの年として新契約価値等の営業業績の反

(point) **業績等の概要**

　この項目では今期の売上や営業利益などの業績がどうだったのか，収益が伸びたあるいは減少した理由は何か，そして伸ばすためにどんなことを行ったかということがセグメントごとに分かる。現在，会社がどのようなビジネスを行っているのか最も分かりやすい箇所だと言える。

転に向けた取組みを加速させるとともに，引き続き金銭に係る不正行為撲滅に向けた経営品質刷新に取り組んでまいります。同時に，資産形成・承継事業の中核を担う第一フロンティア生命株式会社（以下，「第一フロンティア生命」という。）ではお客さまからお預かりする資産の拡大を目指し，ネオファースト生命株式会社（以下，「ネオファースト生命」という。）では第三分野において競争力の高い商品を提供する等，グループの力を結集してお客さまの多様なニーズにお応えしてまいります。

　また，持続的な成長を実現するために，新たな領域への事業ウィングの拡大や新たな組織能力・ノウハウの獲得に向けた「探索」を進めてまいりました。国内におけるアイペットホールディングス株式会社（以下，「アイペット社」という。）の買収は，大手生保による新たな取組みとして注目を集めました。海外においては，ニュージーランドのPartners Group Holdings Limited（以下，「パートナーズ・ライフ社」という。）を買収した他，英国 YuLife Holdings Ltd.（以下，「YuLife社」という。）への出資を実現いたしました。伝統的な生命保険事業が中心であった当社グループに加わった，これらの新たな組織能力によるシナジーの創出を追求し，当社グループの更なる成長につながる取組みを進めてまいります。

　財務・資本政策では，資本効率の改善に向けてグループ内の各事業会社が持つ余剰資本をホールディングスに集約し，成長領域への投資や株主への還元を行う「資本循環経営」を推進しました。グループの各事業の着実な利益成長による子会社等からのキャッシュ・フロー収入の持続的な増加と，資本効率の改善及び資本コストの低減を通じて，資本コストを安定的に上回る資本効率を実現することで，当社の企業価値の向上を目指してまいります。

　グループ経営管理態勢の面では，グローバルな保険グループを目指す中で経営チームの多様性を高めるべく，執行におけるコーポレート機能の強化に向けたCXO制度の拡充や外部からのプロフェッショナル人財の登用等の取組みを推進いたしました。事業運営の大前提である持続可能な社会の実現に向けては，"Chief Sustainability Officer" を新たに設置する等，推進体制を強化しており，脱炭素目標実現に向けた計画をより具体化していく等，当社のマテリアリティ（重要課題）に対応した各種取組みを事業戦略とともに進めてまいります。

当社グループは，「一生涯のパートナー」としてお客さまとともに歩みながら創業来の「変革の精神」で業界をリードする多様な取組みに挑戦してまいりました。現在の中期経営計画では中核事業である保険業の「深化」と，デジタルアクセスをはじめとする新たな組織能力の獲得への「探索」に取り組んでまいりましたが，課題も多く残存しております。現中期経営計画の仕上げの年としてこれらの課題解決に道筋をつけ，次期中期経営計画，そしてその先に目指す未来においては，保険業の枠組みにとらわれず4つの体験価値（保障，資産形成・承継，健康・医療，つながり・絆）をよりシームレスに提供することを通じて，お客さまが望む未来を実現するためのサービスを幅広くご提供できる存在でありたいと考えております。「一生涯のパートナー」としてお客さまにwell-beingをお届けするため，そして企業価値の向上へとつなげるため，第一生命グループは変わり続け，目指したい未来へ向かって変革を加速させてまいります。

(3) 中期経営計画『Re-connect 2023』の進捗 ······························

「「Re-connect 2023」グループ重要経営指標（KPI）の状況」については，「4 経営者による財政状態，経営成績及びキャッシュ・フローの状況の分析 （1）財政状態，経営成績」をご参照ください。

各事業における主な取組みは次のとおりであります。

① 国内事業

国内事業では，お客さまに選ばれ続ける保険グループとなることを目指し，顕在化する社会課題の解決とデジタル化の潮流を捉えた商品・サービスの改革に取り組んでおります。従来の保険の枠にとどまらない4つの体験価値（保障，資産形成・承継，健康・医療，つながり・絆）をお届けし，お客さまの一生涯の日常に寄り添いながら，体験価値（CX※1）を最大化するCXデザイン戦略を通じて，すべての人々の"well-being（幸せ）"に貢献する取組みを推進いたしました。それぞれの体験価値を日常的に体験いただけるよう，デジタルの利点とリアルの強みを融合した当社グループ版OMO※2の実現を目指し，デジタル接点の拡充とリアルチャネルのコンサルティング向上に注力しております。

※1 Customer Experienceの略語。お客さまが商品・サービスを通じて体験する価値を意味しております。
※2 Online Merges with Offlineの略語であります。

＜４つの体験価値（保障，資産形成・承継，健康・医療，つながり・絆）＞
「保障」

　第一生命では社会保障制度と連動したライフプランコンサルティング「新・生涯設計プラン」を 2022 年 7 月より新たに導入し，あわせて商品ラインアップも刷新いたしました。これまで以上にお客さま一人ひとりに寄り添ったコンサルティングを実施することで社会保障制度の補完的役割を果たしていくとともに，多様化するお客さまニーズにきめ細やかに応えてまいります。ネオファースト生命では，健診結果改善をサポートするアプリ「Neo コーチ」の提供や，新たにがん保険「ネオ de がんちりょう」を発売する等，お客さまの「ココロとカラダの充実（wellness）」を応援する取組みを進めました。また，第一スマート少額短期保険株式会社では，商品ブランド「デジホ」を通じ，すべてのお手続きがスマホ等で完結するデジタル完結型保険の商品ラインアップ拡充に取り組みました。

「資産形成・承継」

　人生 100 年時代の到来に伴う「老後の生活資金への不安」や「次世代への資産承継」といった社会課題の解決に向けて，当社グループでは自助努力による老後の資産形成や資産寿命の延伸について，一人ひとりのニーズに沿った最適なソリューションを提供することを目指しております。第一生命では，2022 年 10 月から iDeCo 向けの新プラン「第一生命の iDeCo ミライデコ」の取扱いを開始いたしました。また，デジタル機能を活用し，資産寿命の延伸に向けたアドバイスや情報を一人ひとりにお届けすることで，より身近な日常から資産形成・承継を考えていただくきっかけとなるべく，デジタルプラットフォームサービス「資産形成プラス」を開始いたしました。同サービスにおいては，住信 SBI ネット銀行株式会社及び楽天銀行株式会社が提供する BaaS（Banking as a Service）を活用したネットバンクサービスも提供する等，デジタル面でのサービスを強化しております。第一フロンティア生命では，貯蓄商品としての機能に加え，認知症・介護への保障機能も有する「プレミアプレゼント 3」を新たに発売する等，幅広い資産形成・承継ニーズにお応えする新商品の投入を機動的に行いました。また2022 年 8 月には，当社グループ傘下に新たな資産運用会社，バーテックス・インベストメント・ソリューションズ株式会社を設立いたしました。同社を通じて，

最先端の運用技術を駆使した運用機能・ソリューション等を提供してまいります。

「健康・医療」

　「平均寿命と健康寿命のギャップ拡大」といった社会課題の解決に向けて，当社グループでは，将来の医療費適正化や効率的な保健事業運営をワンパッケージで支援する健康保険組合向けサービスHealstep®（ヘルステップ）を提供しております。Healstep®を導入いただいている健康保険組合は着実に増加しており，新たに事業主向けにもトライアル版の提供を開始しております。今後も健康保険組合や事業主のニーズに寄り添ったサポートの提供に取り組んでまいります。

「つながり・絆」

　2023年3月期には，業務提携によって，生涯設計デザイナーチャネルを通じたペット保険の販売や人財交流等を通じて信頼関係を築いてきたアイペット社を買収いたしました。国内における希少な高成長を誇る保障性市場であるペット保険へと事業ウィングを拡げるとともに，核家族化の進展等の中で生活に喜びを与え，QOLの向上に資する存在となっているペットを通じて，従来の生命保険の事業領域を超えたお客さまの幸せへの貢献へつながる新たな取組みとなりました。

②　海外事業

　海外事業では，地理的・成長段階別に分散の効いた事業ポートフォリオ運営を推進する中で，既進出国からの利益貢献の拡大を目指しながら，未進出地域への展開を通じた生命保険事業の深化と新たな事業領域創出に向けた探索に取り組みました。海外事業の2023年3月期の修正利益※1は，米国政策金利の上昇や金融機関の破綻等による不安定な金融経済情勢を受けて対前年度比で減益となったものの，グループ全体の約3割を占めており，海外事業は引き続き当社グループの持続的な成長の牽引役を担っております。

　新規海外展開では，将来のグループのリスクプロファイルの改善や利益成長への貢献につながる買収等を実施いたしました。2022年8月には，ニュージーランドにおいて，創業約10年で同国業界第2位に成長した生命保険会社グループであるパートナーズ・ライフ社の買収を行いました。同社は，クラウドベースの機動的なシステム開発・運用と卓越したデジタル能力を強みとして，シンプルか

つ先進的な保障性商品を提供しております。また，同年7月には，英国において，2016年の設立以来急成長を遂げているオンライン団体保険代理店であるYuLife社に出資を行いました。同社は，自社開発・提供しているアプリを通じて，団体保険の加入者一人ひとりが楽しみながら健康増進活動に取り組み，well-beingの向上を図ることに貢献しております。

米Protective Life Corporation（以下，「プロテクティブ」という。）では，同国の中古車市場におけるパイオニアである損害保険会社のAUL Corp.の買収が完了し，事業規模拡大・収益安定化に向けて一歩前進いたしました。金利上昇等を背景に経営者向け貯蓄性保険の販売が拡大し，基礎的な収益力は増加した一方で，急激な経済環境変化を受けて営業外損益が悪化し，修正利益は大幅に減少いたしました。

豪TAL Dai-ichi Life Australia Pty Ltd（以下，「TAL」という。）では，大手銀行グループWestpacグループの豪生命保険子会社であるWestpac Life Insurance Services Limited（現 TAL Life Insurance ServicesLimited, 以下「TLIS」という。）の買収が完了し，デジタルチャネルを通じて当該銀行の顧客基盤へのアクセスが可能となり，保障性市場における事業基盤が一層強化されました。2023年3月期は，当該買収による利益貢献が開始したことで，基礎的な収益力の改善が進んだ他，前期の豪金利変動に伴う減益要因が解消し，修正利益は大幅な増益となりました。

新興国市場では, Dai-ichi Life Insurance Company of Vietnam, Limited（以下，「第一生命ベトナム」という。）において，好調な保険販売と，販売品質の更なる向上に向けた取組みによる継続保険料の増加を受けて保険料等収入が拡大し，修正利益も堅調に推移いたしました。その他に進出している各国においても，各国の事業ステージに応じた成長戦略の遂行と，情勢を踏まえた適切な業務運営を行いました。

※1　修正利益とは，キャッシュベースの実質的な利益を示す当社独自の指標であります。グループ修正利益は，グループ各社の修正利益を合計したものであり，株主還元の原資となる指標であります。持株会社である当社は，各社から受け取る配当金等に基づき株主還元を行います。

③ 財務・資本政策

＜資本循環経営の実践＞

　当社グループは，財務健全性を維持しつつ，持続的な企業価値向上と株主還元の更なる充実を目指して，ERM※1（Enterprise Risk Management）の枠組みに基づく資本政策運営を行っております。中期経営計画では，高い資本効率や成長性が見込まれる事業への資本投下を通じてグループの資本効率・キャッシュ創出力を高めるとともに，株主還元を充実させる「資本循環経営」※2を推進しております。2023年3月期実績に基づくキャッシュ・フローについては，グループ会社からの配当性向の引上げや第一生命からの特別配当等により創出したキャッシュを戦略投資や株主還元に活用し，成長に向けた戦略的投資と株主還元の充実が両立する資本配賦を実現しています。2023年3月期グループ修正利益が減益となる一方，グループ会社からの配当等は，グループ修正利益を大幅に超過する約2,600億円を確保する見通しであります。

※1　ERMとは，事業におけるリスクの種類や特性を踏まえ，利益・資本・リスクの状況に応じた経営計画・資本政策を策定し，事業活動を推進することを指しております。

※2　「資本循環経営」とは，事業運営を通じて稼得した資本や，リスク削減によって解放された資本を財源として，財務健全性を確保しつつ，より高資本効率・高成長事業へと資本を再配賦することで資本・キャッシュ創出の好循環を生み出し，企業価値向上を目指す考え方であります。

＜リスクプロファイルの変革に向けた市場関連リスク削減の取組み＞

　当社グループでは，資本コストの低減とリスク・リターンの向上を通じた資本効率の改善を目指しております。中長期的に目指す姿として，市場関連リスクに偏った現在のリスクプロファイルを，保険リスク中心のリスクプロファイルにシフトすることを企図しており，中期経営計画では第一生命における金利・株式リスク量の削減目標をグループ重要経営指標に設定し，取組みを推進しております。

　2023年3月期の第一生命における市場関連リスク削減の取組みは，中期経営計画2年目を終えて引き続き計画を上回り順調に推移しております。金利リスク削減に向けて，超長期債券の継続的な購入や銘柄の入替えによるデュレーションの長期化等の取組みを着実に進めました。また，保有する国内株式の売却等を通じ，株式リスク削減の取組みも合わせて進めております。これらの取組みにより，市場関連リスクは中期経営計画開始時点の約68％から，2023年3月末には現中計終了時点の目標であった65％程度を下回る，約61％まで減少いたしました。

(point) 生産及び販売の状況

　生産高よりも販売高の金額の方が大きい場合は，作った分よりも売れていることを意味するので，景気が良い，あるいは会社のビジネスがうまくいっていると言えるケースが多い。逆に販売額の方が小さい場合は製品が売れなく，在庫が増えて景気が悪くなっていると言える場合がある。

今後も資本効率の更なる改善に向けて，歩みを止めることなくリスクプロファイルの変革に取り組んでまいります。

④　**サステナビリティ・経営基盤**

＜持続的社会の実現に向けて＞

　社会環境は常に変化しており，当社グループは気候変動等の社会課題の解決への貢献とともに，将来世代を含むすべての人々のwell-beingへの貢献を追求し，事業運営に取り組んでいきたいと考えております。これらの活動を推進するために，14個のマテリアリティ（重要課題）を設定し，2023年3月期は，脱炭素社会実現に向けた取組みやダイバーシティ＆インクルージョン，人権デュー・ディリジェンス，国内の自治体と協働での地域振興活動等を推進いたしました。また，企業としての社会的責任を果たすべく，役員報酬評価指標に，CO2排出量削減の進捗を含むサステナビリティ指標を導入いたしました。

　2023年3月期に当社は，サステナビリティに関する取組みが優れたアジア・太平洋地域企業として，Ｓ＆Ｐ社の "Dow Jones Sustainability Asia Pacific Index"の構成銘柄に選定された他，CDP（国際環境NGO）による気候変動に関する調査で最高評価の「Ａリスト」企業に選定されました。また，環境省の第4回「ESGファイナンス・アワード・ジャパン」において，第一生命が投資家部門の最優秀賞である金賞（環境大臣賞）を受賞する等，高い外部評価を受けました。

＜気候変動への対応＞

事業会社としての取組み

　当社グループでは，スコープ1※1及びスコープ2※1のCO2排出量に関して，グループ全体で2026年3月期までに50％削減（2020年3月期比），2041年3月期までにネットゼロを達成する中長期目標を設定しており，第一生命がRE100※2へ加盟する等，排出量削減に向け取り組んでおります。加えて，第一生命ではスコープ3※1のCO2排出量を2031年3月期までに30％削減（2020年3月期比），2051年3月期までにネットゼロとする目標を設定しており，コンタクトセンターの受電・書類発送業務の見直しやインターネット手続きの推進等の取組みを通じて，CX向上とともにOA用紙使用量の削減を図っております。

　また，気候変動関連リスク・影響度の分析・把握に努めており，2023年3月

⒫ **対処すべき課題**

　有報のなかで最も重要であり注目すべき項目。今，事業のなかで何かしら問題があればそれに対してどんな対策があるのか，上手くいっている部分をどう伸ばしていくのかなどの重要なヒントを得ることができる。また今後の成長に向けた技術開発の方向性や，新規事業の戦略についての理解を深めることができる。

期には気候変動が生命保険事業に与える影響の分析を進め，試算結果を開示いたしました。具体的には，第一生命の死亡保険金・入院給付金のお支払い実績等を基に，最高気温と死亡・入院発生の関連を推定し，国内生命保険会社3社※3の気候変動による将来の死亡保険金・入院給付金増加額を試算いたしました。結果として影響は限定的であったものの，今後の新たなリスク発現等にも留意しつつ，引き続き気候変動関連リスク・影響度の更なる把握に向け，取り組んでまいります。

※1　スコープ1：当社自らの直接排出，スコープ2：他社から供給された電気等の使用に伴う間接排出，スコープ3：スコープ1・2以外の間接排出です。第一生命のスコープ3は，カテゴリ1（購入した製品・サービス），カテゴリ3（スコープ1，2に含まれない燃料及びエネルギー活動），カテゴリ4（輸送，配送（上流）），カテゴリ5（事業から出る廃棄物），カテゴリ6（出張），カテゴリ7（雇用者の通勤），カテゴリ12（販売した製品の廃棄）を対象として集計しております。
※2　事業活動で消費するエネルギーを100％再生可能エネルギーで調達することを目標とする国際的イニシアティブであります。
※3　第一生命，第一フロンティア生命，ネオファースト生命の3社であります。

機関投資家としての取組み

　第一生命では，幅広い資産を中長期に保有する「ユニバーサルオーナー」として，責任投資を資産運用の柱として位置付け，運用収益の獲得と気候変動等の社会課題解決の両立を目指しております。同社では，2021年3月期にネットゼロ・アセットオーナー・アライアンス※1へ加盟し，資産運用ポートフォリオにおける温室効果ガス排出量を，2025年までに25％削減（2020年比），2050年までにネットゼロとする目標※2を掲げ，脱炭素社会の実現に向けて取り組んでおります。2023年3月期は，責任投資に関する2025年3月期末までの目標をまとめた「責任投資の中期取組方針」※3や，トランジション・ファイナンスに関する基本姿勢等をまとめた「トランジション・ファイナンスに関する取組方針」※4を策定いたしました。これらの方針の下，投融資先のうち排出量上位約50社へのエンゲージメント強化や気候変動問題の解決に資する投融資の積極化等，目標達成に向けた取組みを着実に進捗させました。また，GFANZ※5のプリンシパルズ・グループ・メンバーを務め，脱炭素社会の実現に向けて50ヶ国・550超の加盟金融機関をリードする役割を担いました。

※1　2050年までに投融資ポートフォリオのネットゼロ移行を目指す機関投資家団体であります。
※2　上場株式，社債，不動産に対する削減目標であります。

※3 方針の内容については右記リンク先をご覧ください。
https://www.dai-ichi-life.co.jp/dsr/investment/pdf/ri-report_005.pdf
※4 方針の内容については右記リンク先をご覧ください。
https://www.dai-ichi-life.co.jp/dsr/investment/pdf/ri-report_008.pdf
※5 Glasgow Financial Alliance for Net Zeroの略称で，ネットゼロへの移行を目的に設立されたアセットオーナー，銀行，保険，運用会社等のイニシアティブの連合体です。加盟機関数は2022年10月時点の数値であります。

＜人財・ダイバーシティ＆インクルージョン・人権尊重＞

　当社グループが更なる成長を成し遂げ，グローバルな保険グループへと進化するには，多様な人財の活躍が必要不可欠であります。グループ各社の独自性を理解・尊重すると同時に，性別，年齢，経歴，国籍等に関係なく，価値創造に貢献できる人財の育成，環境づくりを目指しております。国内においては，同質化を打破し，非「男性・新卒採用・日本人」の比率（ダイバーシティ比率）を高めていく中で，特に女性活躍推進においては，経営の意思決定に常時女性が参画している状態を目指し，2024年4月時点で組織長※1の女性比率※2を30%（2023年4月時点において18.5%）とする目標に向けて取組みを推進しております。加えて，企業価値向上を支える多様な人財を育成するため，2027年3月期を目途に3,300名程度の人財の戦略的シフトに取り組んでおります。特にビジネスモデル変革の原動力となる人財育成を強化し，グループ内外を問わず収益力強化につながる領域や新規事業への人員配置を進めてまいります。また，お客さま第一の実現に向けて組織と社員の結び付きをより高めるため，2021年から全役員と社員との対話の機会の場としてタウンホールミーティングを継続して実施している他，組織と社員の結び付きをエンゲージメント調査にて定期的に測定しております。こうした取組みを通して「誇りとやりがいをもって，仲間とともに生き生きわくわく活躍できる組織」と「社員のwell-beingを互いに尊重し高める」状態を目指し，組織改革につなげてまいります。

　当社グループでは，グループ企業行動原則（DSR憲章）及び第一生命グループ人権方針において基本的な人権の尊重を表明しております。本グループ人権方針に基づき，CSA等のフレームワークを用いた人権リスクの特定と影響の評価，是正・救済策等の着実な実行を通じて，グループ各社における人権デュー・ディリジェンスの取組みを進めております。

(point) 事業等のリスク

　「対処すべき課題」の次に重要な項目。新規参入により長期的に価格競争が激しくなり企業の体力が奪われるようなことがあるため，その事業がどの程度参入障壁が高く安定したビジネスなのかなど考えるきっかけになる。また，規制や法律，訴訟なども企業によっては大きな問題になる可能性があるため，注意深く読む必要がある。

(4) 中期経営計画『Re-connect 2023』（2022年3月期 ～ 2024年3月期）

当社グループは，全てのステークホルダーの皆さまと「再度，より良い形でつながり直す」という想いを込めて，中期経営計画『Re-connect 2023』を策定いたしました。全役員・従業員が価値観を共有し，共鳴しあいながら変革を遂げるために改めて結束を強めてまいります。

お客さまとの Re-connect
・ ニーズ・行動変容への対応
・ 医療・デジタル技術の取込
・ お客さま第一の実現

ビジネス・パートナーとの Re-connect
・ お客さま目線での保険周辺サービスの拡充
・ 社会課題解決に繋がる連携

社会・環境との Re-connect
・ サステナビリティの確保
・ 環境配慮・気候変動対応

Dai-ichi Life Holdings

従業員との Re-connect
・ 社員エンゲージメントの向上（幸せの追求）
・ 多様な人財の活躍

株主との Re-connect
・ 高い資本効率の実現
・ 株主還元の充実

＜第一生命グループの重要課題＞

第一生命グループは，全ての人々のwell-being実現に貢献していくにあたり，重点的に取り組むべき社会課題を以下のとおり選定いたしました。具体的には，ステークホルダーからの期待及び当社の事業活動に照らした重要度，さらにはグループ理念との関係性（ビジョンとの親和性等）から取り組むべき社会課題の優先度・重要度を評価し，中期経営計画「Re-connect 2023」の事業戦略に反映しております。

具体的には以下の3つのステップにて重要課題を選定しております。

＜ステップ１＞

- 具体性を高めて取り組むべき社会課題の優先度・重要度を検討するために，SDGsの17の目標・169のターゲットを目的によってグルーピングし，50の社会課題を抽出

＜ステップ２＞

- 50の社会課題を対象に，国際機関・ガイドライン策定団体，NGO，投資家にESG情報を提供する評価機関，業界団体をはじめとするステークホルダーからの期待を踏まえて，優先度付けを実施
- 国内外の保険会社が取り組んでいる社会課題を踏まえて，重要度付けを実施

＜ステップ３＞

- 保険会社にとっての重要課題を抽出し，「グループ理念」「QOL向上への貢献」との関連度を加味し，個々の重要課題の位置付け・表現を整理
- 外部有識者との対話を経て，重要課題を選定

　重要課題毎に具体的な社会課題を定め，中長期目標を設定した上で，当社グループの貢献度の測定にも取り組んでまいります。課題解決を通じて，当社グループにおける非保険分野を含めた，お客さま数の拡大を目指してまいります。

　当社の重要課題のうち，"well-being"を構成する４つの体験価値と，それを支えるCX向上のそれぞれについて，中長期的に目指す方向性については以下のとおりであります。

一方で私たちが追求する全ての人々の幸せは，持続的社会（サステナビリティ）があってこそ実現するものであります。今般，持続的社会の実現を事業運営の根幹と位置づけ，地域・社会の持続性確保に関する重要課題にも，従来に増して取り組んでまいります。

中計『Re-connect 2023』においては，ビジョン"Protect and improve the well-being of all"で表現した私たちの目指す姿からバックキャスティングする形で，お客さまをはじめとする全てのステークホルダーとの「つながり」の在り方を見直し，この3年間で4つの重要施策「国内事業戦略」「海外事業戦略」「財務・資本戦略」「サステナビリティ・経営基盤」を展開してまいります。

＜中期経営計画「Re-connect 2023」における4つの重要施策＞

① 国内事業：保険ビジネスモデルの抜本的転換「事業ポートフォリオにおける深化と探索の同時追求」

国内事業では，市場シェアの拡大に加え事業効率向上を通じて事業の「深化」を図ると同時に，新たな組織能力の獲得，即ち「探索」に向けて，健康・医療領域の新規サービス提供，デジタル技術の獲得を目的とした外部との協業，資産形成・承継領域の機能強化につながる事業投資等を通じて，グループの持続的成長を目指してまいります。

マルチブランド・マルチチャネル戦略を基盤としつつ，お客さまの継続した体験，すなわちCXに軸足を置き，対面チャネルに加えてデジタルも活用した総合的なビジネス・サービスプロセスを構築する「CXデザイン戦略」に取り組んでま

いります。「CXデザイン戦略」とは，全てのお客さま接点でお客さまの期待を超える体験・感動をお届けすることで，会社の成長につなげていくものであります。デジタル接点を含めたお客さま接点の拡大や，リアルチャネルのコンサルティング力向上，データアナリティクスなどを通じた「お客さま理解」の深化に取り組むことで，一人ひとりに最適で品質の高いCXを提供できる仕組みづくりを行ってまいります。オフラインであるリアルチャネルの強みを活かしながら，オンラインと融合することでお客さま接点を一つにつなぎ，最適な商品・サービス・情報を，最適なタイミング・最適なチャネルで提供する当社版OMO（OnlineMerges with Offline）を実現し，お客さまにとって「ほしいものがほしいときに自然なかたち」でお客さまの期待を超える体験・感動をお届けすることを目指してまいります。

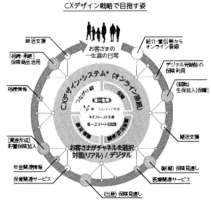

② 海外事業：環境変化に柔軟に対応し，成長を牽引する海外事業ポートフォリオの構築

海外事業においては，市場ステージに応じたポートフォリオ戦略を引き続き推進してまいります。

安定成長と早期利益貢献が期待できる米国及び豪州と，中長期の利益貢献が見込まれるアジア新興国での成長に加え，将来の更なる環境変化に備えた革新的なビジネスモデルの取込みを戦略の3つの柱とし，これらにバランスよく取り組むことで，持続的な利益成長と資本コストを上回る資本効率を同時追求してまいり

ます。

　特に各国の資本規制や引き続き継続する低金利環境に対応した新ビジネスの探索（イノベーション）を進めてまいります。キャピタルライトなビジネスの取り込みや地域・事業分散を通じて，より厳しさを増す外部環境の変化への耐性を持った持続的成長基盤の構築を目指してまいります。

　また，これまでも，社長，海外各社のCEO，関連役員により構成されるGLC（グローバル・リーダーズ・コミッティー）において，グローバルな知見を活用しつつ，グループ共通の課題解決に向けた協働取組みを行ってまいりましたが，海外事業の更なる拡大が見込まれる中，より一層グループ最適な視点から経営戦略を策定し，求心力を発揮することが不可欠であります。

　このために，海外グループ会社の中間持株会社に海外事業戦略を議論する討議体を設置し，その運営を担える国内外のグローバル人財の活用を通じて，よりグローバルな経営スタイルへの転換を加速させてまいります。

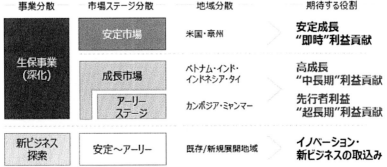

③　財務・資本：グループ事業を支える強靭な財務体質への変革と資本循環経営

　財務・資本では，市場関連リスクの削減による健全性の向上や資本コストの低減に加え，ERMに基づく規律ある成長投資や機動的かつ柔軟な株主還元の実践等を通じ，中長期的に資本コストを上回る資本効率を目指してまいります。

　資本コストについては，経営環境が変化する中で，これまでの当社想定8%から10%へと自己認識を改めました。高い資本コストの一因としては，金融市場変動の影響を受けやすい財務体質が挙げられ，当社グループが有する統合リスク量（2021年3月末時点）の構成は，市場関連リスクが68%を占めております。

そこで市場関連リスクの削減について，従来以上に削減量・スピードを高め，中期経営計画期間の3年間で2021年3月期時点の約20%を削減することといたしました。2021年3月期の取組みを含めると，当初の4年計画の約1.5倍に相当する削減計画となります。ただし，これはあくまで通過点であり，金利リスクについては流動性も踏まえつつ，中期経営計画期間以降においても更なるリスク削減を図ってまいります。

　資本効率については，改定後の資本コストを安定的に上回る水準を目指します。グループ各社に対しては，事業リスク特性に応じたベータや所在国による市場リスクプレミアムを勘案した資本コストを個別に設定の上で事業成果を評価し，資本の配賦・回収等の意思決定を行ってまいります。

　このような考えのもと，中期経営計画の重要経営指標（KPI）において，資本効率指標として従来のROEVに加えて新たに修正ROEを加えるとともに，市場関連リスク削減に関する具体的な削減金額ならびに資本充足率についても目標設定を行いました。

資本効率	資本コストを上回る資本効率
リスク・リターン	金利・株式リスクの削減
健全性	安定的な資本充足率(ESR)

④　サステナビリティ・経営基盤：サステナビリティ向上への使命・責任を果たし，人と社会と地球の幸せな未来を創る

　当社グループは，地域・社会の持続性確保に関する重要課題にも，従来に増して取り組んでまいります。地域・社会のサステナビリティに関する取組みは，国

内グループ中心に"世の中の範"となるための目標を設定しております。将来的には，独自の商品・サービスなどを通じた社会的インパクトの創出も挑戦してまいります。

　例えば，気候変動対応については，カーボンニュートラルの実現に向けて，2024年3月期までに第一生命が事業活動で消費する電力を100％再生可能エネルギーで調達する方針を決定いたしました。加えて，責任ある機関投資家としてESG投資をグループ会社へも展開することを目指します。第一生命では，2050年までに運用ポートフォリオの温室効果ガス排出量を実質ゼロにすることを目指します。

　また，2022年3月期より，社長を委員長とする「グループサステナビリティ推進委員会」を新設し，グループ横断的に非財務分野に係る方針・戦略の立案や，各社における取組遂行状況のモニタリング等を開始いたしました。多様化するお客さまの価値観・ニーズを先んじて捉え，お客さまの期待を超える体験・感動をお届けするためには，私たちも多様性に富んだ人財・組織である必要があると考えており，ダイバーシティ＆インクルージョンを推進してまいります。

　男女共同参画社会の実現に向けた取組みはもとより，中途社員・外国人・専門人財など，様々なバックグラウンドを持つ人財が自分らしく働き，個や組織の能力と生産性を高めながら，仲間とつながり，アイデアの共有や相乗効果を生みやすい環境を整備してまいります。具体的には女性管理職比率の新たな目標として，2021年4月時点で13％を占めるライン部長・ラインマネジャー級の管理職における女性比率を2024年4月までに30％とすることを目指してまいります。

　より良い未来を創造し，世代を超えて人々のwell-being（幸せ）に貢献するためにも，気候変動対策をはじめとする様々な社会課題に一層積極的に取り組むとともに，ダイバーシティ＆インクルージョンの推進，多様な働き方の支援，機動的な人財シフト等を通じて，ビジネスモデル変革の原動力となる人財・組織を強化してまいります。

気候関連財務情報開示
タスクフォース(TCFD)

RE100

Climate Action 100+

THE NET-ZERO
ASSET OWNER
ALLIANCE

2 サステナビリティに関する考え方及び取組

　文中の将来に関する事項は，別段の記載がない限り，本書提出日現在において，当社及び当社グループが判断したものであり，その達成を保証するものではありません。

＜サステナビリティ共通＞

　当社グループが追求する将来世代を含むすべての人々のwell-being（幸せ）は，持続的社会があってこそ実現するものと考えております。当社グループでは，その持続的社会の実現を事業運営の大前提と位置付け，気候変動への対応のほか，あらゆる人々の人権や多様性の尊重といった重要なサステナビリティ課題の解決に向けて取り組んでおります。

（1）　ガバナンス

　当社グループでは，持続的社会の実現に向けた取組みを力強く推し進めるために，「グループサステナビリティ推進委員会」を中心としたサステナビリティ推進体制を構築しております。また，2022年7月より，当社役員報酬の業績連動型株式報酬の一部に，CO_2排出量削減進捗に関する指標を含むサステナビリティ指標を導入しております。

サステナビリティ推進体制（2023年4月時点）

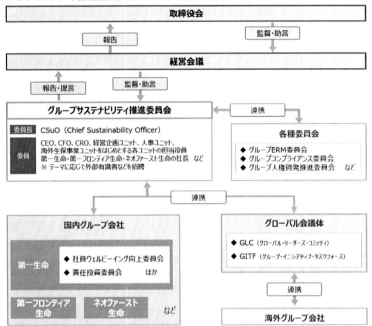

グループサステナビリティ推進委員会では，グループ方針・戦略や対外コミットメントを含む効果的な情報発信の検討，グループ各社における取組遂行状況のモニタリングなどについて，グループ横断的かつ超長期的な視点で議論しております。委員会にて議論された内容は経営会議・取締役会に報告・提言を行っております。

さらに，2023年4月からは，"Chief Sustainability Officer" を新設し，脱炭素社会への貢献に向けた推進体制を強化しております。

2023年3月期の主な議論

指標	実績	目標
事業戦略に伴う人財シフト等(注)1	1,211名	3,300名
次世代グローバル経営リーダー候補(注)2	286名	300名
女性組織長比率(注)3	18.5%	30.0%
Ｍｙキャリア制度における公募職数(注)4	301ポジション	-

（2）　戦略 ···

　当社グループでは，外部環境やSDGsなどのグローバルなイニシアティブを踏まえ，事業を通じた社会課題の解決と地域・社会の持続性確保に向けて重点的に取り組むべき14の重要課題を選定しております。これらの領域について，当社グループの事業に及ぼす中長期のリスク・機会を把握し，中期経営計画「Re-connect 2023」の事業戦略に反映しております。

　なかでも地域・社会の持続性確保に関する取組みについて，地球，ひと，社会の３つの観点で100年後の持続的社会の実現に向けた目標を設定し，取組みを進めております。

（3）　リスク管理 ···

　当社グループでは，経営に重要な影響を及ぼす可能性のある予見可能なリスクを「重要なリスク」として特定し，そのリスクを踏まえた事業計画の策定を推進することで，予兆段階から適切に対処するリスク管理を実施しております。グループの重要なリスクの特定にあたっては，グループ会社における重要なリスクの洗出し結果をもとに，各リスクの影響度・発生可能性を４段階で評価し，ヒートマップを用いて，重要度の高いリスクを「重要なリスク」としてリスク管理統括ユニットにて特定し，毎年度見直す運営としております。サステナビリティに関連するリスクとして気候変動に関するリスクや人権侵害に関するリスクなどを「重要なリスク」として特定して，リスク管理を強化しております。

（4）　指標及び目標 ···

　持続的社会の実現に向けた中長期の目標を定め，グループを挙げた取組みを着実に進めております。気候変動や人的資本に関する取組みについては定量的な目標を定めてその進捗を管理しております。具体的な目標については＜気候変動に関する取組み＞の「（2）　戦略」「（3）　指標及び目標」や，＜人的資本・多様性に関する取組み＞の「（2）　人材の育成及び社内環境整備に関する方針に関する指標の内容並びに当該指標を用いた目標及び実績」をご参照ください。

＜気候変動に関する取組み＞ ··

　当社グループが追求する「将来にわたるすべての人々の幸せ」の大前提となる，100年後を見据えた持続的社会の実現に向けて，気候変動への対応は重要な課題の一つであります。当社グループは事業会社として，そして機関投資家として，ネットゼロを実現するための目標を掲げ，気候変動への取組みを継続的に強化してまいります。また，世界の金融機関の脱炭素取組みを推進する連合体であるGFANZ（Glasgow Financial Alliance for Net Zero）においてプリンシパルズ・グループの一員を第一生命が務めるなど，世界の脱炭素化を実現していくため，リーダーシップの発揮に努めております。

　なお，具体的な取組みの詳細については，2022年8月発行の統合報告書2022や，2023年8月発行予定の統合報告書2023をご参照ください。

（1）　ガバナンス／リスク管理 ··

　2016年のパリ協定発効により，環境問題，とりわけ気候変動への対応は国際社会全体で取り組む課題であるとの認識が高まっており，当社グループにおいても，気候変動への対応はお客さまの生命や健康，企業活動，社会の持続可能性などに大きな影響を与えうる重要な経営課題と認識し，2020年3月期以降，気候変動に関するリスクを「重要なリスク」の一つとして選定し，リスク管理を強化しております。具体的には，リスク管理担当の役員が委員長を務める「グループERM委員会」のなかで，物理的リスク・移行リスクの評価・対応方法について議論を行い，必要に応じて，経営会議・取締役会にも報告しております。グループガバナンス態勢の強化の一つとして，「グループサステナビリティ推進委員会」では，気候変動への対応をはじめとするサステナビリティに関わる方針・戦略の立案や取組遂行状況のモニタリングなどを実施しております。

気候変動対応に関するガバナンス／リスク管理体制（2023年4月時点）

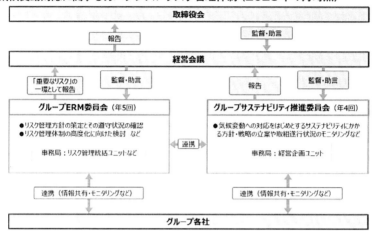

(2) 戦略

① 気候変動関連のリスク・機会，当社グループ事業への影響

　当社グループとして，気候変動によって中長期的にもたらされる影響を，複数のシナリオを用いて分析した結果に基づき，事業会社・機関投資家としてのコントロール策・事業としてのレジリエンス（強靭性）を高める取組みを推進しております。

② シナリオ分析

　当社グループでは気候変動が生命保険事業に与える影響として，保険金・給付金支払いに関するリスク把握の取組みを進めております。

　2021年3月期より，気温と第一生命の保険金・給付金の関係を，みずほ第一フィナンシャルテクノロジー社と共同で分析してまいりました。

　これまでに第一生命の死亡保険金支払実績をもとに，夏季の気温上昇による健康被害の増大に着目した分析を実施し，全国の最高気温と死亡発生の関係性を推定しました。そこに将来の気候シナリオを仮定したうえで保険金支払増加額の試算を行い，2022年8月発行の統合報告書2022で結果を開示いたしました。

　また，気候シナリオをSSP5-8.5※へアップデートするとともに，グループ内

の国内生命保険会社3社（第一生命，第一フロンティア生命，ネオファースト生命）における死亡保険金支払増加額・収支への影響も分析いたしました。加えて，夏季の気温上昇による入院への影響分析を実施しております。

※ IPCC第6次報告書では，将来の社会経済の発展の傾向を仮定した共有社会経済経路（SSP）シナリオと放射強制力を組合せたシナリオが使用されております。これらはSSPx-yと表記され，xは5種のSSP，yはRCPシナリオと同様に2100年頃のおおよその放射強制力を表しております。SSP5-8.5は化石燃料依存型の発展のもとで気候政策を導入しない高位参照シナリオであります。（「IPCCの概要や報告書で使用される表現などについて」（環境省，2021年8月9日公表）に記載されている説明文書の一部を抜粋のうえ，当社で加工）

③ 気候変動リスク・インパクトの認識のさらなる高度化に向けた分析

当社グループでは，気候変動問題の解決に向けて気候変動リスク・インパクトの認識の高度化を進めております。保険監督者国際機構（IAIS）が2021年9月に公表した『気候変動が保険会社の投資に及ぼす定量的影響に関する報告書』の中で，保険セクター全体における気候変動により想定される投資損失は，保有資本により概ね吸収可能と評価されておりますが，当社グループにおいても，同報告書の分析を参考に資本充足率（経済価値ベース）に与える影響を試算し，保有資本で吸収可能な水準であることを確認しております。加えて，MSCI社の気候バリューアットリスク（CVaR:Climate Value-at-Risk）という手法で，財務影響を移行リスク，物理的リスクに分けて分析し，結果を統合報告書2022で公表しております。

(3) 指標及び目標 ···

① 事業会社としての取組み

当社グループでは，スコープ1及びスコープ2のCO2排出量について，パリ協定での目標を見据え，2026年3月期までに50％削減（2020年3月期比），2041年3月期までにネットゼロという目標を設定しております。加えて，グループ中核会社の第一生命では，全社員が一体となった取組みを推進するため，「事業や社員の行動変容につながる視点で重視すべき項目」を対象にスコープ3のCO2排出量を，2031年3月期までに30％削減（2020年3月期比），2051年3月期までにネットゼロという目標を設定しております。

なお当社グループの2022年3月期のスコープ1及びスコープ2のCO2排出量

は98,900t，第一生命の2022年3月期のスコープ3のCO2排出量は46,600tとなります。2023年3月期のCO2排出量は2023年8月発行予定の統合報告書2023をご参照ください。

② **機関投資家としての取組み**

第一生命では，気候変動問題の解決を責任投資における最重要課題と位置付け，脱炭素社会の実現に向けて取り組んでおります。2021年2月には国内で初めて，NZAOA（Net-Zero Asset Owner Alliance）に加盟し，2050年までに運用ポートフォリオのネットゼロを実現することにコミットいたしました。また，NZAOAプロトコル（目標設定ガイドライン）に従い，上場株式・社債・不動産ポートフォリオにおける温室効果ガス（GHG）排出量を2025年までに25％削減（2020年比）する目標を設定しております。なお，第一生命の2021年の上場株式・社債・不動産ポートフォリオにおけるGHG排出量は約493万（tCO2e）となります。2022年の温室効果ガス排出量は2023年8月発行予定の統合報告書2023をご参照ください。

また，脱炭素社会の実現に向けた機関投資家としての取組みは当社グループ各社にも広がっており，2022年5月には，第一フロンティア生命が，運用ポートフォリオのGHG排出量削減にかかる2025年目標を設定いたしました。

第一生命は，国内株式，外国株式，国内社債，外国社債のポートフォリオに関して，投融資先企業の気候関連リスク・機会を評価するために，TCFD提言が開示を推奨している総炭素排出量と加重平均カーボンインテンシティ（WACI:Weighted Average Carbon Intensity）の分析を行っております（2023年3月期の結果は2023年8月発行予定の統合報告書2023をご参照ください）。これまでも，炭素税導入や座礁資産化などの移行リスクを投融資先企業の評価基準に組み込むなど，ポートフォリオのレジリエンス強化に向けた取組みを行っておりますが，さらなるリスク管理態勢の強化に向けて，前項に記載した気候バリューアットリスク（CVaR）を含めた，移行リスク・物理的リスク・機会などの気候関連リスク・機会の分析高度化に取り組んでいく予定であります。

これに加えて，第一生命では，気候変動を含む社会課題の解決に向けた投融資を拡大しています。同投融資の累計は，2022年3月期末時点で約1.3兆円に到

達しておりますが，さらなる社会へのポジティブ・インパクト創出に向けて，2025年3月期末までに同投融資を2兆円以上に拡大してまいります。なかでも，同社の責任投資における最重要テーマである気候変動問題への対応強化として，気候変動問題の解決に資する投融資を2025年3月期末までに1兆円以上に拡大してまいります。なお，2023年3月期末の実績は2023年8月発行予定の統合報告書2023をご参照ください。

＜人的資本・多様性に関する取組み＞
（1）人材の育成及び社内環境整備に関する方針，戦略
① 人財育成方針

当社グループは，お客さま本位の姿勢と革新的なサービス提供をもとにグローバルな保険グループへの進化を目指しております。多様なお客さまニーズにお応えするため，4つの領域（保障，資産形成・承継，健康・医療，つながり・絆）で価値を提供するサービス業への進化を目指しており，そのためには，多様な人財の活躍が必要不可欠と考えております。また，成長著しいアジア市場や競争の激しい先進国市場への対応など，グローバル市場での更なる成長を成し遂げるため，グループ各社の独自性を理解・尊重すると同時に，性別，年齢，経歴，国籍等に関係なく，価値創造に貢献できる人財の育成，環境づくりを目指しております。

多様化するお客さまニーズへの対応

お客さまニーズが多様化する時代において，保険領域を超えたお客さま体験価値（＝CX）の創出に向け，ビジネスモデル変革を推進する人財育成を推進いたします。

グローバル人財育成

グローバルビジネスの拡大に向け，海外グループ各社の経営課題への対応や，成長戦略の遂行並びにガバナンス体制強化を目的としたグローバル人財育成を推進いたします。

ダイバーシティ＆インクルージョン

経営層やリーダー層の多様性を組織の変革を生む力に変えていくためにダイ

バーシティ＆インクルージョン推進の重要取組みの一つとして，女性の活躍推進に力を入れております。

② **社内環境整備方針**

一生涯のパートナー ～By your side, for life～をミッションとして，人々の安心で豊かな暮らしと地域社会の発展に貢献するため，多様な人財が成長し，グループの価値創造に積極的に貢献できる環境づくりを進めております。従業員が自身のキャリアを自律的に考え，自ら将来に向けたキャリアを構築するためのサポートを提供するとともに，多様な人財が活躍する職場環境・風土づくりを実現いたします。また，社員のwell-being実現に向けて，全社員が働きがいを持ち，イキイキと働くことができる風土づくりに向けた取組みを推進いたします。

社員が自身のキャリアを自律的に考え，自らキャリアを切り拓くための制度を推進しており，当社グループ内に留まらずグループ外企業の職務を含め，保険の枠組みを超えた多様なフィールドで活躍できる環境を拡充しております。

社員自身が働く場所と時間を自由に選択し，より柔軟な働き方ができる職場環境を目指して，テレワークやフレックスタイム制度の活用・コアタイムの撤廃など，組織・個人の付加価値向上や生産性向上につながる取組みを推進しております。

当社グループは，社員，お客さま，地域・社会の健康増進に寄与する「健康経営Ⓡ」を推進しております。「健康経営Ⓡ」の担い手である社員一人ひとりが健康でイキイキ働くことができるよう，「疾病予防」「重症化予防」「メンタルヘルス対策」の３つを柱とした各種健康増進施策ならびに両立支援策に取り組んでおります。

(2) 人材の育成及び社内環境整備に関する方針に関する指標の内容並びに当該指標を用いた目標及び実績 ···

指標	実績	目標
事業戦略に伴う人財シフト等(注) 1	1,211名	3,300名
次世代グローバル経営リーダー候補(注) 2	286名	300名
女性組織長比率(注) 3	18.5%	30.0%
Ｍｙキャリア制度における公募職数(注) 4	301ポジション	－

（注）1　実績は2023年4月，目標は2027年4月であります。
　　　2　実績は2023年3月期末，目標は2024年4月であります。
　　　3　実績は2023年4月，目標は2024年4月であります。
　　　4　実績は2023年3月期であります。

3　事業等のリスク

　文中の将来に関する事項は，別段の記載がない限り，本書提出日現在において，当社及び当社グループが判断したものであり，その達成を保証するものではありません。

　当社は，当社グループの経営に重要な影響を及ぼす可能性のある予見可能なリスクを「重要なリスク」として特定しております。当社グループの重要なリスクについては以下のとおりであります。

＜重要なリスクと選定プロセス＞

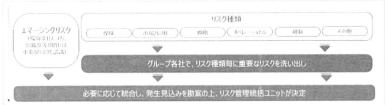

「重要なリスク」		「事業等のリスク」に記載の項目
市場・信用・流動性	・金融危機 ・株価下落 ・金利変動 等	・国内外の金融市場・経済情勢の悪化に関するリスク ・株式投資に関するリスク ・金利変動に関するリスク ・資産運用ポートフォリオに係るその他のリスク 　(為替リスク・信用リスク・不動産投資に関するリスク) ・資産流動性に関するリスク
保険引受	・発生率等の悪化 ・医療技術発展に伴う発生率等の変化 等	・保険商品の料率設定及び責任準備金の積立ての前提が変動するリスク ・医療技術の発展に関するリスク ・再保険取引に関するリスク
オペレーショナル・テクノロジー・サイバー	・サイバー攻撃 ・システム障害 ・急激な外部環境変化による事務態勢の逼迫 等	・サイバー攻撃・システム障害に関するリスク ・情報漏洩に関するリスク ・急激な外部環境変化による事務態勢の逼迫に関するリスク
法令違反・コンダクト・企業文化	・金銭不正行為 ・不適切募集 ・個人情報の不適切利用 ・人権侵害 等	・ステークホルダーの不正により損害を被るリスク ・人権侵害に関するリスク
パンデミック・大規模災害等	・大規模災害 ・パンデミック ・気候変動 等	・大規模災害等に関するリスク ・パンデミックに関するリスク ・気候変動に関するリスク
その他	・法規制の導入・変更 等 ・環境変化への不適応 ・風評悪化 等	・法規制に関するリスク 　(当局の監督指針類に関するリスク・ソルベンシー・マージン比率等の規制に関するリスク・国際的な規制に関するリスク) ・法改正に伴うリスク ・保険販売が個人向け生命保険商品に集中しているリスク ・銀行等のチャネルでの販売に関するリスク ・新市場等における取組みが成功しないリスク ・日本の人口動態に関するリスク ・競争状況に関するリスク ・訴訟リスク ・風評リスク ・Ｍ＆Ａが想定どおりのメリットをもたらさないリスク ・海外事業の拡大に関連するリスク ・従業員の雇用等に関するリスク

　重要なリスクの特定にあたっては，グループ会社における重要なリスクの洗い出し結果をもとに，各リスクの影響度※１・発生可能性を４段階で評価し，ヒートマップを用いて，重要度の高いリスクをグループベースの重要なリスクとして特定し，毎年度見直す運営としております。また，現時点では重要なリスクではないものの，新たに現れてくることが想定されるリスクとして「エマージングリス

ク※2」の洗い出しも毎年度実施しております。

　これらのリスクを踏まえた事業計画を策定することで，リスク認識を踏まえた
PDCAサイクルを推進し，予兆段階から適切にリスクの管理を実施しております。

※1　影響度は経済的損失額，レピュテーション（売上・経営責任・株価への影響）等の要素を考慮
※2　環境変化等により，新たに現れてくることが想定されるリスク

　当社は，これら「重要なリスク」の管理状況を定期的に経営会議，取締役会に
報告しており，その状況を認識した上でリスクの発生の回避に向けた対応を推進
するとともに，リスクが顕在化した場合には迅速かつ適切な対応に努めておりま
す。

　なお，当社グループのリスク管理体制については「第4　提出会社の状況　4
コーポレート・ガバナンスの状況等　（1）　コーポレート・ガバナンスの概要
⑦　リスク管理体制の整備状況」に記載のとおりであります。

　以下に「重要なリスク」並びに投資者の判断に重要な影響を及ぼす可能性があ
ると考えられるその他のリスクを列挙しております。

（1）　市場・信用・流動性に関するリスク ･･････････････････････････････

1）　国内外の金融市場・経済情勢の悪化に関するリスク

　当社グループの業績は，国内外の経済状況や金融市場に大きく影響されるもの
であります。過去1年の日本経済を取り巻く環境として，ロシアのウクライナ侵
攻等による地政学リスクの高まりやインフレ率の高止まりに伴う各国金融引き締
めの加速により，米国金利を中心に海外金利が大きく上昇しました。また，
2023年3月期末には欧米金融機関に端を発する金融不安が拡大し，世界的な経
済や金融市場の先行きには，依然として不透明感があります。世界的に経済や金
融市場における先行き不透明感が強まった場合，金融資本市場は不安定さを増し，
金融市場のパフォーマンスの悪化につながる可能性があります。深刻な金融不安
が生じた場合には，主要な経済圏に多大な影響を及ぼす可能性もあります。

　当社グループは，ストレス・テスト等によるリスク耐性の確認を定期的に実施
しており，健全性が懸念される場合には速やかにリスク削減のアクションプラン
を講ずる等の態勢を構築しておりますが，こうしたリスクが現実となった場合，
当社グループの保険商品への需要が低下する可能性や，個人保険の解約・失効率
が上昇するおそれがある他，低金利や株価下落により資産運用収支の悪化等，当

社グループの財務内容及び業績に悪影響を及ぼす可能性があります。

　当社は，中期経営計画「Re-connect 2023」において，財務健全性の確保に向けて，経済価値ベースの資本充足率（以下，ESRという。）のターゲット水準を170～200％としておりますが，2023年3月末のESRは226％と200％を上回る水準を確保しております。

　第一生命では，金利・株式等の市場関連リスクの削減に継続的に取り組んでおり，2023年3月期においても，国内における低金利環境の長期化を見越し，超長期債券の購入によるデュレーションの長期化等により金利リスクの削減を進めました。また，保有株式の計画的な売却を継続することで金融市場変動の影響を受けにくい財務体質に向けた取組みを強化しており，2021年3月末に掲げた追加的な金利・株式リスクの削減目標（2024年3月期末までに2021年3月期末対比で20％相当削減）に対し，順調に進捗しております。

＜市場関連リスク削減（2023年3月末）＞

市場関連リスク削減

23/3期　　約△1,450億円　　中計期間合計 約△5,300億円

| 22/3末 金利＋株式リスク量 分散効果考慮前 2.4兆円 | 中計3ヵ年リスク削減目標 （金利・株式リスク 5,600億円） | 進捗率 95％ |

金利リスク 約△1,170億円

株式リスク 約△330億円

市場変動要因等 （グループ会社要因含む） 約△1,600億円

23/3末 2.1兆円

（DL）リスク削減取組効果 約△1,500億円

金利リスク　超長期債購入等：約1.2兆円（30年国債換算）

株式リスク　保有株式売却：約2,000億円（計画策定時時価）

2) 株式投資に関するリスク

国内株式市場を含むグローバル金融市場は，世界的な経済・金融情勢により大きく変動いたします。経済危機及び主要経済大国における景気回復見通しの不透明感等に起因して株価が急落する場合，有価証券評価損・売却損の増加及び有価証券含み益・売却益の減少を通じて当社グループの資産運用収支，純資産及びソルベンシー・マージン比率やESR等の健全性指標等を著しく悪化させ，当社グループの財務内容に悪影響を及ぼす可能性があります。なお，その他有価証券評価差額金は，当社グループの純資産と支払余力及びソルベンシー・マージン比率に影響を及ぼします。

株式市場の著しい低迷及び経済状況の悪化による保有株式の価値減少に係るリスクに備えるため，第一生命においては将来的な株価下落によるリスク顕在化に備え，株式の売却やデリバティブの活用を通じたリスク・コントロールを実施しておりますが，今後，国内外の経済状況及び株式市場が大きく悪化した場合には，当社グループに重大な損失をもたらし，当社グループの財務内容に重大な悪影響を及ぼす可能性があります。

3) 金利変動に関するリスク

当社グループでは，保険契約の引受けによって生じる負債に見合った運用資産を適切に管理するため，長期的な資産・負債間のバランスを考慮しながら安定的な収益の確保を図ることを目的として，資産・負債総合管理（Asset Liability Management。以下，「ALM」という。）を行っておりますが，金利の乱高下といった大幅な市場環境の変動等が起きた場合には，当社グループの財務内容及び業績に重大な悪影響を及ぼす可能性があります。また，中長期金利が長期にわたり著しく低水準で推移した場合には，収益性の確保が困難になり，販売中止を余儀なくされる貯蓄性商品が今後も発生する可能性があります。

特に，第一生命ではALMの考え方に基づき保有債券のデュレーション（残存期間）を長期化させる努力をしておりますが，契約者に対して負う債務のデュレーションは未だ運用資産よりも長期であることから，このような負債と資産のデュレーションのアンマッチ（不一致）による金利変動リスクを有しております。金利の低下局面では，より低い金利水準を求めて期限前償還又は繰上返済される債

券や貸付及び満期を迎えて償還される資産を再投資した際の運用利回りは従来より低くなるため，平均運用利回りは低下いたします。既契約の保険料が原則として変わらない一方，このような低い金利水準により資産運用ポートフォリオの利回りが低下することで，当初想定していた運用収益が確保できない，あるいは逆ざや（資産運用ポートフォリオの平均利回りが既契約の保険料率の設定に用いた予定利率を下回る状態）となる可能性があり，当社グループの収益性及び長期的な事業運営能力に重大な悪影響を及ぼす可能性があります。

　逆に，金利が上昇する局面では，資産運用利回りが上昇することにより資産運用ポートフォリオの収益力を向上させることができる一方で，保険契約者がより高収益の資産運用手段を求めることにより保険契約の解約が増える可能性があります。更に，金利上昇時は債券等の価格が下落し，含み損益の悪化により純資産にマイナスの影響を及ぼします。当社グループは金利上昇リスクに対応し，会計上，一定のデュレーションマッチングを条件に簿価評価が可能な責任準備金対応債券を積極的に活用することにより，かかる影響を緩和しておりますが，金利が短期間で大幅に上昇した場合は当社グループの財務内容及び収益性に重大な影響を及ぼす可能性があります。

　また，第一フロンティア生命においては，保険契約の引受けによって生じる負債に見合った運用資産を適切に管理するためALMを行っており，金利変動によるESRへの影響は限定的に留まる見込みですが，金利変動に伴う資産と負債の会計上の評価額の計上方法の違い等により，当社グループの純資産と支払余力及びソルベンシー・マージン比率に影響を及ぼす可能性があります。これについては，再保険を活用することで，上記影響を緩和する等の対策を行っております。

4）資産運用ポートフォリオに係るその他のリスク

　安定的な資産運用収益の獲得は当社グループの事業運営にとって重要であるため，当社グループの資産運用ポートフォリオは，国内外の公社債及び株式以外にも，貸付金，不動産並びにオルタナティブ投資等幅広い資産区分に分散投資することでリスク抑制的な運営を行っておりますが，以下に掲げる様々なリスクを回避できない可能性があります。

a　為替リスク

当社グループの保有する有価証券には外貨建てのものも含まれております。外貨建ての有価証券とは，主に外国債券（外国の国債・政府機関債・社債等），外国株式及び証券化商品でありますが，特別勘定において保有するもの及び外貨建商品に係る責任準備金に実質的に対応させて保有するものを除いて，外国為替相場の変動による時価の変動が当社グループの業績に実質的に影響を及ぼします。当社グループは，保有する外国債券の一定割合について外国為替相場の変動をヘッジしておりますが，著しい為替差損等が生じた場合，当社グループの財務内容及び業績に悪影響を及ぼす可能性があります。

b　信用リスク

当社グループが保有する債券の発行体の信用力が信用格付けの引下げ等により低下し，債券の市場価格が下落する可能性及び保有する債券の発行体が元利金不払い等債務不履行に陥る可能性があります。その結果，有価証券評価損が発生したり，有価証券売却損益・含み損益が悪化することで，当社グループの財務内容及び業績に悪影響を及ぼす可能性があります。

また，当社グループが市場リスクをヘッジするために用いている金利スワップ，為替予約，株価指数先物等のデリバティブ取引についても，カウンターパーティー・リスク（デリバティブ取引等の相手方の信用リスク）を有しており，カウンターパーティーに債務不履行が生じた場合には，有価証券評価損及びその他損失の発生や，有価証券売却益及びその他利益の減少につながる可能性があり，当社グループの財務内容及び業績に悪影響を及ぼす可能性があります。

また，当社グループは貸付先の財務内容や信用力が悪化するリスクにさらされており，当該リスクは当社グループの貸付金ポートフォリオの信用コストを上昇させる可能性があります。即ち，当社グループは貸付先に関する評価・見積りに基づき貸倒引当金を計上しておりますが，国内外の経済状況の悪化や業種固有の問題等により債務不履行や信用力の低下が発生した場合には，実際に発生する損失が引当金を超過し又は引当金の増額が必要となり，当社グループの財務内容及び業績に悪影響を及ぼす可能性があります。

当社グループは国内のメガバンクに対して相当量のエクスポージャー（与信等

の残高）を有しておりますが，それは主に劣後債であります。一般的に，これら劣後性証券の価値はシニア債券の価値に比べて，発行体である銀行の信用情報の変化に，より大きく影響を受ける傾向があります。そのため，国内の銀行の信用状況や財務内容が悪化した場合には，有価証券評価損，引当金の増額及びその他損失の発生又は有価証券売却益及びその他利益の減少につながる可能性があり，当社グループの財務内容及び業績に悪影響を及ぼす可能性があります。

c　不動産投資に関するリスク

　当社グループは，営業・投資を目的とする不動産を保有しております。景気低迷により，不動産価格や賃貸料の下落及び空室率の上昇等が生じた場合には，当社グループの不動産関連収益は減少し，結果として，当社グループの財務内容及び業績に悪影響を及ぼす可能性があります。

5）　資産流動性に関するリスク

　当社グループが提供する多くの商品は，契約者が積立金の一部を引き出すこと及び契約を解約し解約返戻金を受け取ることを認めております。

　当社グループは，今後予想される積立金の引出しや解約の請求，保険金・給付金等の支払い及び金融機関等とのデリバティブ契約に関する担保の差入れ要請に対応するために十分な流動性を提供し維持できるよう，負債の管理と資産運用ポートフォリオの構築をしており，また，流動性を高めるために当座借越契約を締結しております。一方で，不動産，貸付金及び私募債等の一部の資産は一般的に流動性に乏しいものであります。当社グループが，例えば，不測の引出しや解約，感染症の大流行等の大規模災害により，急遽，多額の現金の支払いを求められる場合，当社グループの流動資産及び当座借越が無くなり，その他の資産も不利な条件で処分することを強いられる可能性があります。更に，金融市場における混乱は，当社グループが有利な条件で資産を処分できない又は全く処分できないといった，流動性における危機をもたらす可能性があります。当社グループが不利な条件での資産の処分を強いられる又は資産を処分できない場合には，当社グループの財務内容及び業績に悪影響を及ぼす可能性があります。

(2) 保険引受に関するリスク ....

1） 保険商品の料率設定及び責任準備金の積立ての前提が変動するリスク

　当社グループの収益は，当社商品の料率設定及び責任準備金額の決定に用いる計算基礎率が保険金・給付金等の支払い実績とどの程度一致するか等に大きく影響されます。計算基礎率には，将来の死亡率（予定死亡率），資産運用収益率（予定利率），事業費率（予定事業費率）を含みます。計算基礎率よりも実際の死亡率が高かった場合，資産運用収益が低かった場合，事業費がかかり過ぎた場合には，当社グループの財務内容及び業績に重大な悪影響を及ぼす可能性があります。また，標準生命表や標準利率の改定は計算基礎率の設定に影響し，結果として会社の財務内容及び業績にも影響を及ぼし得ます。近年，当社グループが販売に力を入れている「第三分野」の保険商品（医療保険，がん保険，介護保険等）の料率設定の計算基礎率は，伝統的な死亡リスクを保障する生命保険商品の計算基礎率に比べて限定的な経験に基づくことが多く，相対的に高い不確実性を内包しております。

　当社グループは，保有契約の責任準備金について定期的に計算を行い，責任準備金の変動分を費用又は収益として計上しております。保険金・給付金等の支払い実績が当初の計算基礎率より多額となる等により責任準備金の積立不足が顕在化した場合，又は環境の変化によって当社グループの責任準備金の計算基礎率を変更せざるを得ない場合においては，当社グループは責任準備金の積増しを行うことが必要となる可能性があります。このような積増しが多額である場合には，当社グループの財務内容及び業績に重大な悪影響を及ぼす可能性があります。

　また，当社グループが販売している円貨建及び外貨建定額商品等の中には，市場価格調整（MVA）を設定するものがあり，国内外の市場金利の低下局面においては責任準備金の積増し，上昇局面においては責任準備金の取崩しが必要となることから，会計上の一時的な変動要因となる可能性があります。更に，当社グループで販売している変額年金保険の中には，最低給付の保証を特徴とするものがあります。この保証型商品については，責任準備金に不足があれば積増しを行う必要があり，結果として費用が増加する可能性があります。当社グループは，ダイナミックヘッジ（価格変動リスクをヘッジする手法の一つ）の活用や再保険契約

の締結等によって最低給付保証に係るリスクのヘッジに努めておりますが，こうした取組みが成功するとは限らず，当社グループの財務内容及び業績に悪影響を及ぼす可能性があります。

2） 医療技術の進展に関するリスク

近年，人口構成や疾病構造の変化により，医療はその対象を疾患治療そのものだけでなく疾患罹患予測や予防へと大きくシフトさせています。また，医療者だけでなくバイオテクノロジー，製薬，ヘルスケアなどさまざまな健康関連事業者が医療分野に参入し，疾病と健康の境界があいまいになってきております。これらの変化は疾患の早期診断や早期治療を可能にしましたが，更なる技術開発が進んだ場合，将来の疾患リスクが把握できることにより，リスクの高いお客さまが積極的に高額の保険に加入する逆選択加入のリスクが増加し，また従来であれば発見されなかった疾病が発見されることや，疾患基準の拡大等により，保険金等の支払いが大幅に増加する可能性があります。

当社グループでは，新たに開発する保険商品，保有契約の保障内容を踏まえ，これらのリスクに備えて，医療技術全般に関し，その動向を調査し，数年後を見据えた技術の精度や普及度を評価することで，生命保険の引受け，支払いに与える影響等を分析しております。

また，医療技術の進展に伴い，保険会社にとってはリスクを細分化した保険引受が可能になりますが，個人のヘルスデータの利活用の権限やその範囲は一般に定められたものはなく，お客さまの期待を超えて保険引受に活用した場合には，当社グループの信用が著しく失墜し，損失を被る可能性があります。

3） 再保険取引に関するリスク

当社グループは，責任準備金の積立てにかかるリスクの軽減や金利リスク削減等のため，再保険契約を活用しております。しかし，再保険取引は，将来適切な条件で締結できない又は再保険の締結自体ができないリスクがあるとともに，カウンターパーティー・リスクにさらされており，当社グループの財務内容及び業績に悪影響を及ぼす可能性があります。

(3) オペレーショナル・テクノロジー・サイバーに関するリスク ……………
1) サイバー攻撃・システム障害に関するリスク

　当社グループでは，グローバルに展開するグループ経営を安定的に支え，世界各国のお客さまへの持続的な価値提供を実現するために，「グループITガバナンス基本方針」を制定し，COBIT5（※3）を採用したグループITガバナンスの態勢整備を推進しております。

　また，ITガバナンスの推進をベースに，国内外のグループ保険事業会社のIT責任者を交えた定期的なカンファレンス開催による継続的な情報共有，及び各社の課題意識に沿ったグループ会社間の協働取組を推進することで，グループシナジーを創出して，グローバル経営に貢献するIT活用を目指しています。

　しかしながら，当社グループの事業運営は，外部の業務委託先によるものを含め，情報システムに大きく依存しております。当社グループは，これらのシステムに依拠して，保険契約の管理，資産運用，統計データ及び当社グループのお客さまの個人情報の記録・保存並びにその他の事業を運営しております。当社グループが事業運営や商品ラインアップを拡大するにつれて，情報システムへの多額の追加投資が必要となる可能性があります。その結果として，当社グループの業績に悪影響を及ぼす可能性があります。

　また，事故，火事，自然災害，停電，アクセス集中，人為的ミス，妨害行為，従業員の不正，ソフトウェアやハードウェアのバグや異常，ハッキングや不正メールによるウィルス感染等のサイバー攻撃又は設備，ソフトウェア，ネットワークの障害等の要因により，当社グループの情報システムが機能しなくなる可能性があります。このような障害は，当社グループがお客さまに提供するサービス，保険金・給付金等の支払いや保険料の集金，資産運用業務等を中断させる可能性があります。例えば，2022年6月に，第一生命においてオンラインシステム障害が発生し，復旧までの間，保険金・給付金の支払い処理等に影響を及ぼしました。このような事案を含め，サイバー攻撃・システム障害に関するリスクが顕在化した場合には，当社グループのレピュテーションの低下，お客さまの不満やお客さまからの信頼の低下等のその他の深刻な事態をもたらす可能性があり，また，既契約の解約の増加，新契約販売の減少，行政処分につながるおそれもあります。

(point) 財政状態，経営成績及びキャッシュ・フローの状況の分析

　「事業等の概要」の内容などをこの項目で詳しく説明している場合があるため，この項目も非常に重要。自社が事業を行っている市場は今後も成長するのか，それは世界のどの地域なのか，今社会の流れはどうなっていて，それに対して売上を伸ばすために何をしているのか，収益を左右する費用はなにか，などとても有益な情報が多い。

その結果として，当社グループの事業展開及び業績に悪影響を及ぼす可能性があります。

※3　COBIT5：米国の情報システムコントロール協会・ITガバナンス協会の提唱するITガバナンスの成熟度を測るフレームワーク

2)　情報漏洩に関するリスク

　当社グループは，外部の業務委託先によって提供されるものを含め，オンラインサービスや集中データ処理を広く利用しており，機密情報・個人情報を厳格に管理することは当社グループの事業において重要であります。しかし，当社グループ，外部の業務委託先及び当社の戦略的提携先の情報システム等からの不正アクセスによる情報漏洩や，社外活動時の紛失等による情報漏洩が全くないとは限りません。当社グループ及びその従業員が個人情報を紛失した場合若しくは漏洩した場合又は第三者が当社グループ，提携先又は外部の業務委託先のネットワークに侵入して当社グループの個人情報を不正利用した場合には，当社グループが損害賠償を請求され，その結果として，当社グループのレピュテーションを大きく低下させ，当社グループの財務内容及び業績に重大な悪影響を及ぼす可能性があります。

3)　急激な外部環境変化による事務態勢の逼迫に関するリスク

　当社グループでは，お客さまからの解約や保険金・給付金等の請求に迅速に対応するため，各社での事務態勢構築に努めております。第一生命では，新型コロナウイルスの感染拡大に伴い，保険金・給付金等の請求が急増したため，保険金等支払部門の人員強化等の対応を図っておりますが，今後同様の感染症の拡大（パンデミック）が発生した場合は，事務態勢が逼迫する可能性があります。上記のような急激な外部環境の変化に対して既存の事務態勢では対応できない場合には，お客さまに不利益を及ぼすだけでなく，当社グループのレピュテーションが低下し，その結果として，当社グループの業績に悪影響を及ぼす可能性があります。

(4)　法令違反・コンダクト・企業文化に関するリスク ……………………

1)　ステークホルダーの不正により損害を被るリスク

　当社グループは，従業員や販売代理店，外部の業務委託先及びお客さまといっ

たステークホルダーによる詐欺その他の不正による潜在的な損失にさらされております。当社グループが擁する営業職及び販売代理店は，お客さまとの対話を通じて，お客さまの個人情報（家計情報を含みます。）を熟知しており，一部の業務委託先もお客さまの個人情報を了知しているため，当該個人情報を用いて不正が行われる可能性があります。不正としては，違法な販売手法，詐欺，なりすましその他個人情報の不適切な利用等があり得ます。

　保険契約の詐欺的な使用や，保険契約時のなりすまし等，お客さまも詐欺的な行為をすることがあります。また，反社会的勢力であることを秘して当社グループと取引を行う者もいます。当社グループは，このような詐欺的行為を防ぎ，見破るための対策をとっておりますが，当社グループの取組みがこれらの詐欺，違法行為又は反社会的勢力との取引を排除できない可能性があります。

　従業員，代理店，取引先及びお客さまがこれらの不正を行った場合，当社グループのレピュテーションが大幅に低下し，当社グループは重大な法的な責任を問われるとともに，行政処分につながるおそれがあります。それらの結果として，当社グループの事業展開及び業績に悪影響を及ぼす可能性があります。

　第一生命では，2021年3月期，2022年3月期及び2023年3月期において，元従業員による金銭の不正取得事案が複数明らかとなりました。

　これを受け，第一生命では，個人保険・個人年金保険のお客さまを網羅的に対象として，金銭の不正取得等の被害を受けていないかどうかの確認を実施するとともに，第一生命の商品の取扱いにおいて，同社の従業員がお客さまから直接金銭を授受することを禁止する事務手続の構築等を含めて，金銭に係る不正行為の撲滅に向けた体制の整備・充実を早期に実施する等の対応を進めております。

　第一生命では，こうした事案の発生を受け，徹底した意識改革に集中的に取り組み，これに応じた営業方針の見直しを進めておりますが，今後，伏在調査等を通じ他の不正事案が判明する等の場合には，第一生命並びに当社グループの社会的信用が更に毀損されることになり，業務運営に影響を及ぼす可能性があるほか，追加的な営業方針の見直し等が必要となる場合が考えられ，その場合，当社グループの事業運営，業績，財政状態に影響を及ぼす可能性があります。

2) 人権侵害に関するリスク

当社グループは，事業活動が人権に対して影響を及ぼす可能性があることを認識しております。サプライチェーンを含む当社グループの事業において人権侵害に該当する事案が生じた場合には，不買運動やSNSでの炎上などのレピュテーションリスク，訴訟や行政罰などの法務リスク，ストライキや人財流出などのリスク，株価下落などの財務リスク等につながる可能性があります。また当社グループの進出国に重大な人権侵害問題が発覚した場合には，進出国からの撤退を余儀なくされるおそれもあります。それらの結果として，当社グループの事業展開及び業績に悪影響を及ぼす可能性があります。

なお，当社グループでは，全従業員が大切にする価値観として第一生命グループ企業行動原則（DSR憲章）を定め，その中の項目として「人権尊重」に取り組むことを宣言し，「第一生命グループ人権方針」を定めていますが，これに加えて，第一生命では「第一生命の行動規範」に人権にかかわる内容を記載し，事業を進めていくうえで，いかなる人権の侵害も容認しない旨を規定しております。

また，「グループ人権方針」に基づいて，人権デュー・ディリジェンスの取組みを推進しており，①方針の策定とコミットメント，②人権リスクの特定と影響の評価，③是正と救済策の実施，④情報開示とモニタリング，を定期的に実施することにより，人権侵害の未然防止と救済に取組んでおります。

(5) パンデミック・大規模災害等に関するリスク ‥‥‥‥‥‥‥‥‥‥‥‥‥‥‥‥

1) 大規模災害等に関するリスク

当社グループは，東京等の人口密集地域又は広範囲な地域を襲う地震・津波・テロ・紛争・戦乱等の大規模災害を原因として大量の死者が出た場合に，保険給付に関する予測不可能な債務を負うリスクにさらされております。当社グループは，業界慣行や会計基準に従って危険準備金を維持しておりますが，こうした準備金が実際の保険給付債務をカバーするのに適切な水準にあるとは限らず，当社グループの財務内容及び業績に悪影響を及ぼす可能性があります。更に，物理的な被害その他のこうした大規模災害の影響により，当社グループの業務運営に重大な支障を来す可能性があります。

更に，当社グループが主に事業を展開する日本国内の業務及び情報システム等は，外部の業務委託先及び取引先と同様に首都圏に集中しているため，首都圏に被害を及ぼす地震等の災害によって当社グループの事業運営が著しい混乱に陥る可能性があります。地震等の災害が発生した場合には，当社グループ，外部の業務委託先及び取引先が直ちに業務を再開できるとは限らず，その結果として当社グループの事業展開及び業績に悪影響を及ぼす可能性があります。

　なお，当社グループでは首都圏における大規模災害の発生に備えて，データセンターについて首都圏外に移管するなど，当該リスクにおける影響を緩和する対策を進めております。

2）　パンデミックに関するリスク

　新型コロナウイルスや，鳥インフルエンザ・新型インフルエンザのような感染症の大流行を原因として大量の死者が出た場合に，保険給付に関する予測不可能な債務を負うリスクにさらされております。当社グループは，業界慣行や会計基準に従って危険準備金を維持・積み増ししている他，ストレス・テスト等によるリスク耐性確認を定期的に実施しておりますが，感染の世界的な拡大や金融市場の混乱といったストレス・シナリオの想定を大幅に超える事態が発生した場合等においては，こうした準備金が実際の保険給付債務をカバーするのに適切な水準にあるとは限らず，当社グループの財務内容及び業績に悪影響を及ぼす可能性があります。

3）　気候変動に関するリスク

　2016年のパリ協定発効により，環境問題とりわけ気候変動への対応は国際社会全体で取り組む課題であるとの認識が高まっております。グローバルに生命保険事業及びアセットマネジメント事業を展開する当社グループにとっても，気候変動はお客さまの生命や健康，企業活動，社会の持続可能性等に大きな影響を与えうる重要な経営課題と認識しております。

　こうした認識の下，当社グループは，気候変動が及ぼすリスクと機会の評価によって経営のレジリエンス（強靭性）を強化するとともに，その状況の開示によるステークホルダーとの健全な対話を通じた企業価値の向上を図るために，2018年9月にTCFD（Task Force on Climate-related Financial Disclosures）提言へ

の賛同を表明いたしました。また，2021年3月期は，第一生命で，本邦初となる「ネットゼロ・アセットオーナー・アライアンス（※4）」への加盟を通じて，2050年までの運用ポートフォリオの温室効果ガス排出量実質ゼロを表明し，「RE100（Renewable Energy 100％）（※5）」については2024年3月期までの達成に加え，このうち投資用不動産については2022年3月期中の100％再生可能エネルギー化を目指す方針を決定し，2022年3月期に達成しております。

　その一方で，気候変動の物理的リスクと移行リスク（政策・法規制リスク，技術リスク，市場リスク）は当社グループの業績に悪影響を及ぼす可能性があります。物理的リスクとしては，温暖化に伴う熱中症や感染症の増加による保険金・給付金支払額の増加，台風等による水害発生の増加に伴う保険金・給付金支払額の増加等が想定されます。また，移行リスクとしては，炭素税導入，市場・社会環境変化による資産の毀損，新技術開発，消費者行動の変化への対応等の環境変化への対応が不十分な企業への投融資価値の低下等が想定されます。

※4　パリ協定での目標（気温上昇を1.5℃未満に抑える）達成を目的に，2050年までの運用ポートフォリオのカーボンニュートラル（温室効果ガス排出量実質ゼロ）にコミットするアセットオーナーのイニシアティブ

※5　事業で使用する電力の再生可能エネルギー100％化にコミットする協働イニシアティブ

（6）　その他のリスク

1）　法規制に関するリスク

a　当局の監督権限に関するリスク

　当社及び当社グループの国内保険会社は，保険業法及び関連業規制の下，金融庁による包括的な規制等の広範な監督下にあります。また，当社グループの海外生命保険会社は，それぞれが事業を行う国や州等の法令や規制等の影響を受けます。

　例えば，日本の保険業法は，保険会社が行える事業の種類ごとに規制を設けるとともに，保険会社に一定の準備金や最低限のソルベンシー・マージン比率を維持させることとしております。保険業法は，内閣総理大臣に対して，免許取消しや業務停止，報告徴求，会計記録等に関する厳格な立入り検査の実施等，保険業に係る広範な監督権限を与えております。また，保険業法その他の法令等のう

ち特に重要なものに違反した場合等には，内閣総理大臣は保険会社の免許を取り消すことができます。また，保険会社の財産の状況が著しく悪化し，保険業を継続することが保険契約者等の保護の見地から適当でないと認められる場合にも，内閣総理大臣は保険会社の免許を取り消すことができます。

このように，仮に，監督当局によって当社グループの生命保険会社の免許が取り消されることになれば，その会社は事業活動を継続できなくなり，当社グループの業績に重大な悪影響を及ぼす可能性があります。

b ソルベンシー・マージン比率等の規制に関するリスク

現在，当社及び当社グループの国内保険会社は，保険業法及び関連業規制に基づき，自己資本の充実度合いを計る基準であるソルベンシー・マージン比率を200％超に維持するよう要求されております。また，当社グループの海外生命保険会社についても，各国の規制等により財務健全性を一定水準に保つことが求められております。

例えば，国内生命保険会社がソルベンシー・マージン比率やその他の財務健全性指標を適切なレベルに維持できない場合には，内閣総理大臣はその生命保険会社に対して早期是正措置を命じることができます。具体的には，生命保険会社のソルベンシー・マージン比率が200％を下回った場合に，その状況に応じて内閣総理大臣の是正措置命令が発動されることで，保険会社に対して早期に経営改善への取組みを促す制度であり，ソルベンシー・マージン比率の水準等に応じて，措置内容が定められております。また，実質純資産額（※6）がマイナス又はマイナスと見込まれる場合にも，内閣総理大臣から業務の全部又は一部の停止を命じられる可能性があります。このような早期是正措置により，当社グループの事業展開及び業績に悪影響を及ぼす可能性があります。

※6　実質純資産額とは，貸借対照表の資産を基礎として計算した額（有価証券・不動産等について一定の時価評価を行ったもの）から負債の部に計上されるべき金額を基礎として計算した額（負債の額から価格変動準備金・危険準備金の額を差し引いた額）を控除した金額をいい，内閣総理大臣による早期是正措置において，実質的な債務超過の判定基準として用いられる額であります。

c 国際的な規制に関するリスク

保険監督者国際機構（以下，「IAIS」という。）は，国際的に活動する保険会社グループ（以下，「IAIG」という。）を対象とした共通の監督の枠組みであるコムフ

レームを開発しており，2019年11月に採択されております。当社は，IAISが定める IAIGの定量基準を満たしており，金融庁より IAIGに選定されております。特に，コムフレームの一部である，経済価値に基づく新たな国際資本基準である ICSについては，現在の規制とは大きく異なることが予想され，金融庁によって ICSに準拠した規制が導入された場合又は ICSに関連し，その他の基準改正がなされた場合には，これらの改正によって生じる制約が，当社グループの事業展開及び業績に悪影響を及ぼす可能性があります。

2022年10月に FATF（※7）はミャンマーを「行動要請対象の高リスク国・地域（いわゆるブラック・リスト）」に指定し，日本を含む FATF加盟国等に対し，強化された顧客管理の適用を要請しております。各金融機関における確認手続きの厳格化に伴い，ミャンマー関連を中心に金融取引の実行が遅延する等のリスクが考えられることから，引き続き動向を注視してまいります。

※7　Financial Action Task Force（金融活動作業部会）の略。1989年のアルシュ・サミット経済宣言を受けて設立された，マネーロンダリング等対策の国際基準策定・履行を担う多国間の枠組み。国際基準の遵守が不十分な国・地域を特定し，改善状況をモニターするため，「行動要請対象の高リスク国・地域」等を公表している。

2)　法改正に伴うリスク

日本及び当社グループが事業を営む海外各国において，法規制の改正及びその執行に関する政府方針の変更，当社グループ及び保険各社に対する規制措置並びに当社グループが取扱う商品ラインナップの拡大等に関連する規制動向は，当社グループの保険商品の販売に影響を及ぼし，コンプライアンス・リスクを高めるとともに，コンプライアンスの強化・改善のための追加支出や競争の激化をもたらし，当社グループの事業，財務内容及び業績に悪影響を及ぼす可能性があります。

当社グループの事業には，多数の営業職及び販売代理店が関与しており，将来において規制の改正がなされた場合，適時にこれに適合した態勢をとることができるとは限りません。

また，日本の現行の所得税法は，当社グループが提供する大部分の保険商品の払込保険料の全部又は一部について所得控除を認めております。同様に，法人又

は中小企業の契約者は，一定の条件の下で，定期保険や年金商品のような特定の
保険商品につき，保険料の全部又は一部を経費として損金算入することが認めら
れております。こうした当社グループの保険商品の保険料に対する税務上の取扱
いに影響を及ぼす税制改正は，当社グループの新契約販売数，ひいては業績に悪
影響を及ぼす可能性があります。

3) 保険販売が個人向け生命保険商品に集中しているリスク

　当社グループの国内生命保険会社の保険料収入においては，個人向け生命保険
契約によるものの占有率が高く，個人向け生命保険商品の販売においては，以下
に掲げるものを含む様々な要因が影響を及ぼしております。

- ・国内の雇用水準及び家計所得水準
- ・貯蓄の代替商品及び投資商品の相対的な魅力
- ・保険会社の財務健全性，信頼性及びレピュテーションに対する一般的な認識
- ・出生率の動向及び高齢化といった日本の人口構成に影響を及ぼす長期的な人口動態
- ・販売チャネルや商品に対するお客さまのニーズ

　このような要因の変化等は，当社グループの個人向け生命保険商品における新
契約販売の減少又は既契約の解約・失効の増加をもたらし，当社グループの財務
内容及び業績に悪影響を及ぼす可能性があります。

　当社グループの国内生命保険事業では個人向け生命保険商品の販売チャネルの
多様化・複線化を進めているものの，現時点では，大部分を営業職チャネルや銀
行等の金融機関に依存しております。今後，新たなチャネルが規制や環境の変化
等により，既存のチャネルに取って代わる程の規模に成長した場合や，営業職の
採用環境が熾烈化し，想定の採用数を確保できずに営業職在籍数が大幅に減少す
る場合等には，当社グループは現在の競争力・収益性と市場シェアの維持という
点において課題に直面し，結果として，当社グループの事業展開及び業績に悪影
響を及ぼす可能性があります。

4) 銀行等のチャネルでの販売に関するリスク

　当社グループは，銀行や証券会社といった販売チャネル向けの年金商品等の開発・販売を専門とする第一フロンティア生命を子会社として設立し，2007年10月より販売を開始しております。変額年金保険等において，国内景気の停滞，資産運用パフォーマンスの不振による需要の減少及び金融機関間の競争激化等の厳しい事業環境により，同社の販売が低迷する可能性があります。また，第一フロンティア生命は，最低給付保証（変額年金商品の中にはかかる保証が付されているものがあります。）に係るリスクへのエクスポージャー（リスク量）を管理するため，特定の金融機関代理店を通じて販売する変額年金商品の販売抑制を実施する場合があります。

　当社グループは，販売代理店数を増やし，また，円建定額保険，外貨建定額保険等，商品ラインアップの多様化を図っておりますが，このような事業環境において当社グループが競争力を確保し，又は販売を拡大して目標となる収益性を達成できるとは限りません。更に，販売代理店である銀行・証券会社等の金融機関と当社の営業職との間の競争が将来激化する可能性があります。これらの結果，当社グループの事業展開，財務内容及び業績に悪影響を及ぼす可能性があります。

5) 新市場等における取組みが成功しないリスク

　近年，お客さまニーズが多様化する中，銀行窓口において，貯蓄性保険に加えて保障性保険の販売が拡大し，また銀行・来店型保険ショップ等において，商品を自ら比較検討したいというご意向を持つお客さまが増加しております。

　そこで，当社グループはネオファースト生命を通じて，こうしたお客さまに対し，銀行窓口，来店型保険ショップ等のチャネルを通じて，医療保険等の第三分野を中心に，商品性がわかりやすく，手続きが簡便な，新しい商品とサービスを提供しております。

　当社グループは，競争環境に合わせた戦略立案・商品提供を行っておりますが，競争戦略が想定どおりに実現できなかったり，競合他社から類似商品が販売されたりすることで，販売件数が想定に満たない場合が考えられます。また，代理店に対する保険会社間の手数料競争が激化することで，手数料率が高水準となり事業費が増加する場合が考えられます。それらの結果，新市場における取組みが収

益性を確保するまでに，想定以上の期間が必要となる可能性があります。

6) 日本の人口動態に関するリスク

　日本の合計特殊出生率は，1975年頃から長期に低下傾向にありました。2005年以降反転上昇したものの，近年は減少傾向が続いており，足元の水準は日本の人口置換水準からは遠い状況にあります。当社はこうした人口動態を踏まえた商品の開発や営業戦略の策定を行っておりますが，今後，更に人口が減少し，生命保険に対する需要が減少することになれば，当社グループの生命保険事業の規模が縮小し，財務内容及び業績に重大な悪影響を及ぼす可能性があります。

7) 競争状況に関するリスク

　当社グループの国内生命保険会社は，日本の生命保険市場において，国内生命保険会社，外資系生命保険会社，保険子会社を保有している又は大手保険会社と業務提携している国内の大手金融機関との激しい競争に直面しております。特に，規制緩和，死亡保障性の保険商品に対する需要の低下及び外資系生命保険会社との競争の激化等により，日本の生命保険市場における競争環境は熾烈化しております。競合他社の中には，卓越した金融資産や財務力格付け，高いブランド認知度，大規模な営業・販売ネットワーク，競争力のある料率設定，巨大な顧客基盤，高額な契約者配当，広範囲に亘る商品・サービス等において，当社グループより優位に立っている企業もあります。加えて，近年は，商品開発やお客さまサービスへのビッグデータ等の活用が積極化されており，当社グループのICT活用が他社に劣後した場合には，新契約の獲得・既契約サポートが思うように進まず，将来利益を逸失するリスクがあります。

　また，株式会社かんぽ生命保険は，巨大な顧客基盤や全国的な郵便局のネットワークの活用，日本郵政株式会社を通じた間接的な一部政府出資の存在等から，日本の保険市場における競争優位性を保持しております。当該競争優位性を保持したまま，株式会社かんぽ生命保険の業務範囲の拡大（保険金額の上限見直しや販売できる保険契約の種類拡大等）が進められた場合，当社グループの国内生命保険会社の競争力が相対的に低下する可能性があります。なお，2016年3月29日，当社は株式会社かんぽ生命保険との間で業務提携に係る基本合意に至りました。この基本合意は，両社の強みを相互補完・融合することで事業基盤を強化し，

持続的な企業価値の向上を実現すること等を目的としております。加えて，当社グループは，全国共済農業協同組合連合会，全国労働者共済生活協同組合連合会，日本生活協同組合連合会のような，競合する保険商品を提供している各種協同組合との競争にも直面しております。

　また，各種の規制撤廃策は日本の生命保険業界における競争の激化をもたらしました。例えば，1998年から2007年の間に制定された数多くの規制緩和のための法改正によって，証券会社や銀行で保険商品が販売できるようになりました。当社グループは規制緩和により激化した競争環境について，更に激しさを増していくと考えております。更に，来店型保険ショップやインターネット等を主要な販売チャネルとして活用する保険会社の新規参入によって，価格競争が激化する可能性もあります。その他，日本の金融業界における新たな再編が生命保険商品の販売における競争環境に影響を及ぼす可能性があります。

　また，当社グループはそれぞれの海外市場において現地保険会社との競争に直面しております。

　当社グループが競争力を維持できない場合には，このような競争圧力等により当社グループの新契約販売が減少するとともに既契約の解約が増加し，当社グループの事業及び業績に重大な悪影響を及ぼす可能性があります。

8)　訴訟リスク

　当社グループのうち保険事業を営む会社は，恒常的に，保険事業に関連した訴訟を抱えております。現在及び将来の訴訟の結果について予想することはできませんが，その結果によっては，当社グループに多額の損害賠償責任が発生する可能性があります。当社グループでは，「グループコンプライアンス規程」の制定，グループコンプライアンス委員会の設置及び同委員会におけるグループ会社のコンプライアンス推進状況のモニタリング等を通じて可能な限り訴訟を受ける可能性を排除するための体制を整備しております。多大な法的責任が課された場合や訴訟への対応に多大なコストがかかった場合，当社グループのレピュテーションが低下し，また当社グループの事業，財務内容，業績及びキャッシュ・フローに重大な悪影響を及ぼす可能性があります。

9) 風評リスク

　当社グループは，不適切な事象の発覚等に端を発して，社名が報道・公表された場合に，当社グループの信用が著しく失墜し，損失を被る可能性があります。

　当社グループは，プレスリリース及び適時情報開示等により信頼の維持・向上を図り，リスク顕在化の未然防止に努めておりますが，メディアにより事実とは異なる情報が流布された場合にも，保険契約者や市場関係者等が当社グループについて報道された情報に基づき理解・認識する可能性があり，それにより当社グループのレピュテーションが低下し，当社グループの事業展開及び業績に悪影響を及ぼす可能性があります。

10) Ｍ＆Ａが想定どおりのメリットをもたらさないリスク

　当社グループは，株式会社化以来，Ｍ＆Ａを成長戦略の一環と位置づけており，今後もその機会を追求してまいります。しかし，将来のＭ＆Ａについては，そもそも適切な買収対象があるとは限らず，また，適切な買収対象があった場合にも，当社にとって受入れ可能な条件で合意に達することができない可能性があり，この他，買収資金を調達できない可能性，必要な許認可が取得できない可能性，法令その他の理由による制約が存在する可能性があり，買収を実行できる保証はありません。また，買収実行後に買収対象企業の価値が低迷した場合には，減損処理が必要となる可能性もあります。当社グループは，近年，適切な買収対象の選定，Ｍ＆Ａの実行及び被買収事業の当社グループへの統合等につき経験を積み重ねておりますが，将来的なＭ＆Ａの成功は，以下のような様々な要因に左右されます。

- ・買収した事業の運営・商品・サービス・人財を当社の既存の事業運営・企業文化と統合させる能力
- ・当社グループの既存のリスク管理，内部統制及び報告に係る体制・手続きを被買収企業・事業に展開する能力
- ・被買収事業の商品・サービスが，当社の既存事業分野を補完する度合い
- ・被買収事業の商品・サービスに対する継続的な需要
- ・目標とする費用対効果を実現する能力

　また，当社連結子会社であるProtective Life Corporationが行う保険ブロック

買収事業（他の保険会社から保険契約を買取り，必要に応じて契約内容を変更し，義務を履行する業務）が，想定どおりの収益性を確保できない可能性があります。

　これらの結果，M＆Aが想定どおりのメリットをもたらさなかった場合，当社グループの財務内容及び業績に悪影響を及ぼす可能性があります。

11）　海外事業の拡大に関連するリスク

　近年，当社グループは，日本以外の収益基盤を確保するために，海外において保険事業を積極的に展開しております。特に，海外保険事業では，ベトナム，オーストラリア，ニュージーランド及び米国における保険会社の買収，インド，タイ及びインドネシアにおける保険会社への出資，カンボジア，ミャンマーにおける保険会社の設立等を行っております。また，展開地域の拡大に伴い，北米及びアジアパシフィック地域に，地域統括会社を設立し，経営管理・支援体制の強化を図っております。当社グループは，進出各国における保険事業のバリューアップに努めておりますが，生命保険商品の普及率が当社の予想水準，あるいは成熟市場の水準まで向上するとは限らず，その結果，当社グループの事業展開，財務内容及び業績に悪影響を及ぼす可能性があります。

　また，海外への展開においては，以下を含む様々なリスクにさらされております。
・政情や治安の不安
・外国為替相場の変動
・不利益な税制の導入・改正
・法令や規制の予期せぬ変更
・お客さまニーズ，市場環境及び現地の規制に関する理解不足
・人財の採用・雇用及び国際的事業管理の難しさ
・新たな多国籍企業との競争

　海外事業の拡大に取り組む中で，上記のような事業展開に関連する様々なリスクが顕在化し，想定した事業展開を行うことができない可能性があり，ミャンマーにおいては，2021年2月からの同国国内情勢に鑑み，営業活動を一時停止し，段階的に再開する等の対応を行いました。また，海外企業への投資に関連して減損が生じる可能性や，当社グループの目標を達成できない市場から撤退する可能

性があります。これらの結果，当社グループの事業展開，財務内容及び業績に悪影響を及ぼす可能性があります。

12) 従業員の雇用等に関するリスク

当社グループの主たる保険会社である第一生命の事業は優秀な営業職を雇用・教育・維持できるかということに大いに左右されますが，優秀な営業職を確保するための競争が激化しております。営業職による保険販売は同社保険料収入の大部分を占めており，その中でも生産性の高い営業職による保険販売は，個人向けの保険商品の販売において非常に高い割合を占めております。営業職の平均的な離職率は同社の営業職以外の従業員に比べて著しく高く，生産性の高い営業職を維持し又は採用し続けるための努力が実を結ぶとは限りません。また，当社グループの資産運用部門や保険数理部門の従業員も高度な専門性を求められるため，優秀な人財を確保，教育・維持するためには特別な努力が必要となります。当社グループが優秀な従業員を確保，教育・維持できない場合や，これらの事由により想定している販売計画を大幅に下回る場合には，当社グループの事業展開及び業績に重大な悪影響を及ぼす可能性があります。

(7) 「重要なリスク」以外の主なリスク

1) 当社グループの格付けの引下げ等に伴うリスク

当社グループの財務健全性が実際に悪化した又は悪化したと判断された場合，保険契約の解約・払戻しの増加，新契約販売の減少，費用の増加，当社グループの資産運用・資金調達・資本増強策に関連するその他の問題という形で，当社グループの事業展開，財務内容及び業績に悪影響を及ぼす可能性があります。これらの悪影響は，保険業界全体における格付けの引下げの可能性，否定的なメディア報道や風評，業績悪化のみならず，実際の当社グループ会社の格付けの引下げやソルベンシー・マージン比率等の健全性指標の大幅な悪化によって生じる可能性があります。また，特に他の生命保険会社と比較して，当社グループの健全性指標が大幅に悪化した場合には，当社グループの事業展開，財務内容及び業績に重大な悪影響を及ぼす可能性があります。

当社グループの財務健全性が実際に悪化した又は悪化したと判断された場合に加え，当社グループが資金調達を行おうとする資本市場・信用市場が悪化した場合等にも，当社グループにとって有利な条件で資本増強ができない又は資本増強そのものができないおそれがあり，結果として，当社グループの事業展開，財務内容及び業績に悪影響を及ぼす可能性があります。

2) 提携先との関係及び提携先の業績に係るリスク

当社グループは，販売チャネル及び商品ラインアップの拡大のために，損害保険ジャパン株式会社，アフラック生命保険株式会社，株式会社みずほフィナンシャルグループ，株式会社りそなホールディングス及び株式会社かんぽ生命保険といった生命保険業界内外の企業と業務提携を行っております。これらの提携関係は，第三分野商品や年金商品等の販売の拡大や，事業基盤の強化を通して，持続的な企業価値の向上を実現すること等を目的としております。また，当社の関連会社で，国内最大級の年金資産運用会社であるアセットマネジメント One 株式会社は，株式会社みずほフィナンシャルグループと当社が出資している合弁会社であります。これらの戦略的提携先が，財務面等事業上の問題に直面した場合，業界再編等によって戦略的志向を変更した場合又は当社が魅力的な提携相手でなくなったと判断した場合には，当社グループとの業務提携を望まなくなる又は当該提携が解消される可能性があります。当社グループが業務提携を継続できない場合には，当社グループの事業展開及び業績に悪影響を及ぼす可能性があります。

3) リスク管理に係るリスク

当社グループのリスク管理の方針・手続きは，保険引受リスク，資産運用リスク，流動性リスク，事務リスク，システムリスクを含む幅広いリスクへの対応を想定したものとなっております。当社グループのリスク・エクスポージャーの管理手法の多くは，過去の市場動向や歴史的データによる統計値に基づいております。これらの手法は将来の損失を予測できるとは限らず，将来の損失は過去実績によって示される予想損失を大幅に上回る可能性もあります。その他のリスク管理手法は，ある程度，市場やお客さま等に関する一般的に入手可能な情報に対する当社の評価に依拠しておりますが，それらの情報は常に正確，完全，最新であるとは限らず，また適切に評価されているとは限りません。更に，当社グループ

のリスク管理手続きにおいては，多数のグループ会社等の情報源から収集した情報を統合する過程で誤りが生じる可能性もあります。一般的に，これらのリスク管理方針・手続きにおける誤りや有効性の欠如は，当社グループの財務内容及び業績に重大な悪影響を及ぼす可能性があります。

特に，事務リスクの管理においては，膨大な取引や事象を適切に記録し検証するための方針・手続きが必要となりますが，当社の方針・手続き自体が必ずしも有効であるとは限りません。従業員，提携先又は外部委託先による事務手続き上の過失は，当社グループのレピュテーション上又は財務上の損害をもたらす可能性があるとともに，行政処分につながるおそれもあり，これらの結果として，当社グループの財務内容及び業績に重大な悪影響を及ぼす可能性があります。

4) 退職給付費用の増加に関するリスク

当社グループは，年金資産の時価の増減，年金資産における収益率の低下又は退職給付債務見込額の計算基礎率及び資産運用利回りの変化により，当社グループの退職給付制度に関する追加費用を計上する可能性があります。また，当社グループには，将来，当社グループの退職給付制度の変更に伴う未認識の過去勤務費用の負担が生じる可能性があります。その結果として，当社グループの財務内容及び業績に悪影響を及ぼす可能性があります。

5) 契約者配当の配当準備金に係るリスク

当社の連結損益計算書上の契約者配当準備金は費用として扱われ，これにより会計年度における純利益が減少いたします。契約者配当準備金は，第一生命に係るものでありますが，同社は契約者配当準備金の決定について裁量を有しており，契約者配当準備金の積立額の水準については，同社商品の競争力，業績，ソルベンシー・マージン比率等の様々な要素を考慮して判断する必要があります。その結果として，同社が現行水準を超える契約者配当準備金の積立てを行い，当社グループの業績に悪影響を及ぼす可能性があります。

6) のれんの減損に係るリスク

当社グループは，他の企業又は事業を取得した場合，その取得に要した費用（取得原価）が受け入れた資産及び引き受けた負債に配分された純額を上回る場合には，その超過額をのれんとして認識しており，連結貸借対照表上，のれん又は有

価証券に計上しております。

当社グループは，毎期ののれんの減損テストを実施しており，のれんを含む資産グループから得られるキャッシュ・フロー等が継続してマイナスの場合，のれんを含む資産グループの回収可能額が著しく低下した場合，のれんを含む資産グループの経営環境が著しく悪化した場合等には，のれんの減損損失を認識する可能性があります。

7） 責任準備金の計算に係る会計基準の変更に関するリスク

責任準備金の積み増しを求める基準変更が行われた場合には，当社グループの財務内容及び業績に悪影響を及ぼす可能性があります。例えば，国際会計基準審議会は，保険負債の現在価値評価を含む，保険契約に係る新会計基準を公表しております。保険負債の現在価値評価が導入された場合，当社グループは，その時々の金利水準等の計算要素を考慮した保険負債の現在価値に基づいて責任準備金を計算していく必要があります。保険負債の現在価値評価の導入を見越して，当社グループは，現行基準において必要とされる金額を超える責任準備金の積立てを行っておりますが，想定している以上の積立てが必要になった場合には，その結果，当社グループの財務内容及び業績に悪影響を及ぼす可能性があります。

8） 繰延税金資産の減額に係るリスク

当社グループは，日本の会計基準に従い，将来の税負担額の軽減効果を有すると見込まれる額を繰延税金資産として，一部の繰延税金負債と相殺した上で連結貸借対照表に計上しております。繰延税金資産の計算は，将来の課税所得に関する前提を含む様々な前提に基づいているため，実際の結果がこれらの前提と大きく異なる可能性もあります。また，将来的な会計基準の変更により，当社グループが計上できる繰延税金資産の金額に制限が設けられる場合や，将来の課税所得の見通しに基づき当社グループが繰延税金資産の一部を回収できないとの結論に至った場合には，繰延税金資産が減額される可能性があります。それらの結果，当社グループの財務内容及び業績に重大な悪影響を及ぼす可能性があります。

また，今後法人税率が変更され，法定実効税率が引き下げられる場合には，中長期的には当社グループの業績の向上及びエンベディッド・バリューの増加が見込まれる一方で，法定実効税率の引き下げ前の税率を前提として計上を行った繰

延税金資産の取崩しが行われることにより，当社グループの業績に悪影響を及ぼす可能性があります。

9) 持株会社体制に係るリスク

当社は持株会社であり，利益の大部分は，当社が保有する国内外の子会社や関連会社が当社に支払う配当によるものとなっております。一定の状況下では，保険業法及び会社法上の規制や，諸外国の規制により，子会社等が当社に支払うことができる配当の金額が制限される場合があります。また，子会社や関連会社が充分な利益を計上することができず，当社に対して配当を支払えない状況が生じた場合等には，当社は配当を支払えなくなるおそれがあります。

10) 生命保険契約者保護機構の負担金及び国内の他の生命保険会社の破綻に係るリスク

当社グループの国内生命保険会社は，国内の他の生命保険会社とともに，破綻した生命保険会社の契約者を保護する生命保険契約者保護機構（以下，「保護機構」という。）への負担金支払い義務を負っております。保護機構は，破綻した生命保険会社の保険契約を引き継ぐ生命保険会社に対する資金の提供等，特殊な役割を担っております。国内の他の生命保険会社と比較して，当社グループの国内生命保険会社の保険料収入及び責任準備金が増加する場合，当社グループの国内生命保険会社へ割り当てられる負担金が増加する可能性があります。また，将来的に，国内の他の生命保険会社が破綻した場合や，保護機構への負担金の支払いに関する法的要件が変更される場合には，当社グループの国内生命保険会社は保護機構に対して追加的な負担を求められる可能性があります。それらの結果，当社グループの財務内容及び業績に悪影響を及ぼす可能性があります。

また，日本の他の生命保険会社の破綻は，日本の生命保険業界の評価にも悪影響を及ぼし，お客さまの生命保険会社に対する信頼を全般的に損ない，これにより，当社グループの国内生命保険会社の新契約販売が減少又は既契約の失効・解約が増加し，当社グループの財務内容及び業績に悪影響を及ぼす可能性があります。

3 経営者による財政状態，経営成績及びキャッシュ・フローの状況の分析

当連結会計年度（2022年4月1日から開始し，2023年3月31日に終了した連結会計年度をいいます。以下同じ。）における当社グループの財政状態，経営成績及びキャッシュ・フローの状況の概要並びに経営者の視点による当社グループの経営成績等の状況に関する認識及び分析・検討内容は次のとおりであります。

なお，文中の将来に関する事項は，当連結会計年度末現在において当社グループが判断したものであり，その達成を保証するものではありません。

(1) 財政状態，経営成績 ···

① 「Re-connect 2023」グループ重要経営指標（KPI）の状況

2023年3月期の中期経営計画で掲げるグループ重要経営指標は，海外金利上昇や金融不安等の影響で減益となったこと等を背景に，資本効率や健全性指標が停滞した一方で，リスク削減等の取組みは着実に進捗しました。

資本効率を示すグループ修正ROE※1は，第一生命における為替ヘッジ付外貨建債券の残高削減に伴う売却損や米プロテクティブで海外金利の上昇や米銀等破綻に起因する損失等を主因として，グループ修正利益が減益となったこと等から，5.0%となりました。グループROEV※2は，金利上昇に伴い含み益が減少したこと等が影響し，3.9%となりました。

リスクプロファイル変革に向けた市場関連リスク削減は，第一生命において中計期間合計で約5,300億円の削減を実施し，着実に進捗しました。その結果，財務健全性を示す資本充足率（ESR）は，目標水準を上回る226%となりました。

市場評価を示す相対TSR※3※4※5は，期初より上位で推移したものの，2023年に入ってからの金融不安や景況感の悪化を背景に下落し，競合10社との比較で第4位となりました。

※1 グループ修正ROEは，「修正利益 ÷ 純資産－のれん・確定利付資産含み損益（税後）・市場価格調整（MVA）関連損益累計（税後）等」にて算出いたします。

※2 ROEVとは，Return on Embedded Valueの略語で，EVの増加額を生命保険会計の特殊性を考慮した利益と見做し，企業価値の成長性を測定する指標であります。

※3 TSRとは，Total Shareholder Return（株主総利回り）の略語で，キャピタルゲインとインカムゲインを合わせた株主にとっての総合投資利回りを指します。

※4 相対TSRは，以下の合計10社との比較です。（HDとは，ホールディングスの略語です。）
国内保険会社5社：かんぽ生命保険，T&DHD，東京海上HD，MS&ADインシュアランスグループHD及びSOMPOHD グローバルで生命保険事業を展開し，日米市場等で当社グループと競合関係にある会社5社：Aflac，AXA，Manulife，MetLife及びPrudential（米国）

※5 2023年4月1日時点当社集計値であります。

② 連結業績における概況

　営業活動の成果である新契約年換算保険料は，第一生命が低位にとどまった一方で，第一フロンティア生命が海外金利の上昇を追い風に大きく販売を伸ばし，前期比で大幅な増収となりました。海外保険事業では，第一生命ベトナムにおいて銀行チャネルでの販売が拡大する等，前年度に引き続き順調に推移いたしました。その結果，グループ保有契約年換算保険料は，前期末比で増加いたしました。

　当社グループの実質的な利益指標であるグループ修正利益は減益となりました。第一生命における為替ヘッジ付外貨建債券のヘッジコスト上昇や新型コロナウイルス関連の給付金支払い増加に加え，米プロテクティブにおいて海外金利の上昇による評価性の損失が発生したこと等が主因となり，期初想定した修正利益の見通しを引き下げました。親会社株主に帰属する当期純利益は，グループ修正利益の減益に加え，前期の第一フロンティア生命における海外金利の上昇に伴う市場価格調整（MVA）※1に係る責任準備金の戻入れ等の一時的な増益要因の反動減があり，減益となりました。

経済価値ベースの企業価値を示すグループEEVは，国内金利の上昇に伴い保有契約価値が増加したことを主な要因として増加いたしました。グループ新契約価値は，海外金利の上昇を背景に第一フロンティア生命商品の販売が好調であった一方，第一生命商品の販売量が低迷したこと等を受けて，前期比で減少いたしました。

項目	2022年3月期	2023年3月期	前期比
グループ新契約年換算保険料	3,131億円	3,920億円	125.2%
グループ保有契約年換算保険料※2	4兆2,343億円	4兆4,924億円	106.1%
親会社株主に帰属する当期純利益	4,093億円	1,923億円	47.0%
グループ修正利益	2,961億円	1,844億円	62.3%
うち国内保険事業	2,106億円	1,739億円	82.6%
うち海外保険事業	830億円	763億円	91.9%
うちその他事業	23億円	△658億円	−
グループEEV※2	7兆1,509億円	7兆3,490億円	102.8%
グループ新契約価値	1,266億円	878億円	69.4%

※1　市場価格調整（MVA: Market Value Adjustment）とは，解約返戻金等の受取りの際に，市場金利に応じた運用資産の価格変動が解約返戻金額に反映される仕組みのことであります。

※2　期末の数値を記載しております。

(1)　基礎利益は税前を記載しており，第一生命における法人税等の変動はキャピタル・臨時損益等に含めております。
　　基礎利益の詳細については，「（参考1）当社グループの固有指標の分析」をご参照ください。

　当連結会計年度の業績は以下のとおりであります。

① 経常収益

　経常収益は9兆5,194億円（前期比16.0%増）となりました。経常収益の内訳は，保険料等収入が6兆6,354億円（同25.4%増），資産運用収益が2兆2,808億円（同10.6%減），その他経常収益が6,031億円（同64.5%増）となっており

ます。

a 保険料等収入

保険料等収入は，前連結会計年度（2021年4月1日から開始し，2022年3月31日に終了した連結会計年度をいいます。以下，前連結会計年度及び前期につき同じ。）に比べ1兆3,435億円増加し，6兆6,354億円（前期比25.4％増）となりました。保険料等収入の増加は，第一フロンティア生命において，海外金利上昇等に伴い外貨建て保険の販売が好調に推移したことによる保険料等収入の増加等が主な要因であります。

b 資産運用収益

資産運用収益は，前連結会計年度に比べ2,702億円減少し，2兆2,808億円（前期比10.6％減）となりました。

c その他経常収益

その他経常収益は，前連結会計年度に比べ2,365億円増加し，6,031億円（前期比64.5％増）となりました。

② 経常費用

経常費用は9兆1,085億円（前期比19.6％増）となりました。経常費用の内訳は，保険金等支払金が6兆4,439億円（同10.0％増），責任準備金等繰入額が985億円（同68.9％減），資産運用費用が1兆1,462億円（同200.8％増），事業費が8,313億円（同10.5％増），その他経常費用が5,883億円（同88.0％増）となっております。

a 保険金等支払金

保険金等支払金は，第一生命において，前期の出再実施に伴う再保険料の反動減があった一方で，第一フロンティア生命における解約返戻金の増加を主な要因として，前連結会計年度に比べ5,882億円増加し，6兆4,439億円（前期比10.0％増）となりました。

b 責任準備金等繰入額

責任準備金等繰入額は，プロテクティブにおいて，経済環境の変動に伴い特別勘定にかかる責任準備金の取崩しが生じたこと等を主な要因として，前連結会計年度に比べ2,182億円減少し，985億円（前期比68.9％減）となりました。

c　資産運用費用

　資産運用費用は，プロテクティブにおいて，海外金利の上昇による評価性の損失が発生したことや，第一生命において海外金利の上昇に起因する有価証券売却損が増加したこと等により，前連結会計年度に比べ7,651億円増加し，1兆1,462億円（前期比200.8％増）となりました。

d　事業費

　事業費は，前連結会計年度に比べ791億円増加し，8,313億円（前期比10.5％増）となりました。

e　その他経常費用

　その他経常費用は，前連結会計年度に比べ2,754億円増加し，5,883億円（前期比88.0％増）となりました。

③　経常利益

　経常利益は，前連結会計年度に比べ1,799億円減少し，4,109億円（前期比30.5％減）となりました。

④　特別利益・特別損失

　特別利益は45億円（前期比57.4％減），特別損失は398億円（同0.0％増）となりました。

a　特別利益

　特別利益は前連結会計年度に比べ61億円減少し，45億円（前期比57.4％減）となりました。

b　特別損失

　特別損失は前連結会計年度に比べ0億円増加し，398億円（前期比0.0％増）となりました。

⑤　契約者配当準備金繰入額

　契約者配当準備金繰入額は前連結会計年度に比べ75億円増加し，950億円（前期比8.6％増）となりました。

⑥　親会社株主に帰属する当期純利益

　経常利益に特別利益，特別損失，契約者配当準備金繰入額，法人税等合計を加減した親会社株主に帰属する当期純利益は，第一生命において，前期と比べて

新型コロナウイルス関連の給付金支払いが増加したことや，プロテクティブにおいて，海外金利の上昇による評価性の損失が発生したこと等により，前連結会計年度に比べ2,170億円減少し，1,923億円（前期比53.0％減）となりました。

⑦ **資産の部**

資産の部合計は外国債券を中心とした有価証券の残高減少を主な要因として，前連結会計年度末に比べ4兆3,022億円減少し，61兆5,788億円（前期比6.5％減）となりました。

⑧ **負債の部**

負債の部合計は第一生命における売現先勘定の減少を主な要因として，前連結会計年度末に比べ2兆7,668億円減少し，58兆7,057億円（前期比4.5％減）となりました。

⑨ **純資産の部**

純資産の部合計は前連結会計年度末に比べ1兆5,353億円減少し，2兆8,731億円（前期比34.8％減）となりました。これはその他有価証券評価差額金の減少が主な要因であります。

セグメントの業績は，以下のとおりであります。

① **国内生命保険事業**

国内保険事業における経常収益は，第一フロンティア生命において，海外金利上昇等に伴い外貨建て保険の販売が好調に推移したことによる保険料等収入の増加等を主な要因として前連結会計年度に比べて1兆4,959億円増加し，8兆3,410億円（前期比21.9％増）となりました。セグメント利益は，第一生命において，前期と比べて新型コロナウイルス関連の給付金支払いや有価証券売却損が増加したことや，前期の出再実施に伴う再保険料の剥落による保険金等支払金の反動減を主な要因として，前連結会計年度に比べて1,497億円減少し，3,441億円（同30.3％減）となりました。

② **海外保険事業**

海外保険事業における経常収益は，プロテクティブにおける責任準備金戻入額の増加やTALにおけるWestpacLife Insurance Services Limited（現TAL Life

Insurance Services Limited) の買収完了による保険料等収入の増加を主な要因として，前連結会計年度に比べて3,839億円増加し，2兆6,268億円（前期比17.1％増）となりました。セグメント利益は，プロテクティブにおいて，海外金利の上昇による評価性の損失が発生したこと等により，前連結会計年度に比べて661億円減少し，281億円（同70.1％減）となりました。

③　その他事業

　その他事業においては，当社グループ会社からの配当収入が増加したこと等により，経常収益は前連結会計年度に比べて780億円増加し，2,943億円（前期比36.1％増）となりました。セグメント利益は，前連結会計年度に比べて714億円増加し，2,689億円（同36.1％増）となりました。

　なお，セグメントにおける主たる子会社の業績は以下のとおりであります。

＜国内生命保険事業（第一生命保険株式会社）＞

①　経営成績

　当事業年度（2022年4月1日から開始し，2023年3月31日に終了した事業年度をいいます。以下同じ。）の経常収益は，保険料等収入2兆2,968億円（前事業年度（2021年4月1日から開始し，2022年3月31日に終了した事業年度をいいます。以下同じ。）比0.9％増），資産運用収益1兆3,792億円（同10.6％増），その他経常収益4,636億円（同50.0％減）を合計した結果，4兆1,398億円（同7.0％減）となりました。有価証券売却益の増加により資産運用収益が増加したものの，前期に責任準備金の戻入れによりその他経常収益が大幅に増加したことの反動減を主な要因として経常収益は減少しました。

　一方，経常費用は，保険金等支払金2兆4,513億円（同18.7％減），責任準備金等繰入額229億円（同48.9％減），資産運用費用6,693億円（同85.1％増），事業費3,954億円（同3.6％減），その他経常費用2,472億円（同3.4％増）を合計した結果，3兆7,863億円（同7.0％減）となりました。前期と比べて新型コロナウイルス関連の給付金支払いや有価証券売却損が増加した一方で，前期に出再に伴う多額の再保険料の支払いがあったことからの反動減を主な要因として，経常費用は減少しました。

これらの結果，経常利益は3,535億円（同6.7％減）となりました。また，当期純利益は1,656億円（同17.1％減）となりました。

　生命保険本業における期間収益を示す指標の一つである基礎利益は，前期と比べて新型コロナウイルス関連の給付金支払いが増加したことによる保険関係損益の悪化及び為替に係るヘッジコストの増加による順ざやの減少等により，前事業年度に比べ1,504億円減少し，2,571億円（同36.9％減）となりました。

② **財政状態**

　当事業年度末の資産合計は，34兆2,643億円（前事業年度末比11.4％減）となりました。主な資産構成は，有価証券が27兆9,758億円（同14.6％減），貸付金が2兆7,154億円（同5.7％増），有形固定資産が1兆2,038億円（同6.7％増）であります。

　負債合計は，32兆1,643億円（同10.5％減）となりました。負債の大部分を占める保険契約準備金は29兆8,770億円（同0.8％減）となりました。

　純資産合計は，2兆1,000億円（同23.8％減）となりました。純資産合計のうち，その他有価証券評価差額金は，1兆5,235億円（同28.5％減）となりました。

　なお，保険金等の支払余力を示すソルベンシー・マージン比率は，865.4％となりました。第一生命保険株式会社の非連結子会社等を含めた連結ソルベンシー・マージン比率は，882.8％となりました。

③ **契約業績**

　個人保険・個人年金保険を合わせた新契約高は，前事業年度に比べて1兆1,940億円増加し，1兆2,172億円となりました（前事業年度は232億円）。個人保険・個人年金保険を合わせた保有契約高は，前事業年度末に比べて4兆7,481億円減少し，83兆7,278億円（前事業年度末比5.4％減）となりました。

　個人保険・個人年金保険を合わせた新契約年換算保険料は，前事業年度に比べて283億円減少し，462億円（前事業年度比38.0％減）となりました。なお，保有契約年換算保険料は，前事業年度末に比べて550億円減少し，1兆9,977億円（前事業年度末比2.7％減）となりました。

　医療保障・生前給付保障等の第三分野の新契約年換算保険料は，前事業年度に比べて187億円減少し，295億円（前事業年度比38.7％減）となりました。第

三分野の保有契約年換算保険料は，前事業年度末に比べて69億円減少し，7,019億円（前事業年度末比1.0％減）となりました。

団体保険の保有契約高は，前事業年度末に比べて7,017億円減少し，49兆3,418億円（同1.4％減）となりました。

団体年金保険の保有契約高は前事業年度末に比べて1,030億円減少し，6兆669億円（同1.7％減）となりました。

a 保有契約高明細表

(単位：億円)

区分	前事業年度末 （2022年3月31日）	当事業年度末 （2023年3月31日）
個人保険	776,419	732,067
個人年金保険	108,339	105,210
個人保険＋個人年金保険	884,759	837,278
団体保険	500,435	493,418
団体年金保険	61,699	60,669

(注) 1 個人年金保険の金額は，年金支払開始前契約の年金支払開始時における年金原資と年金支払開始後契約の責任準備金額の合計であります。

2 団体年金保険の金額は，責任準備金額であります。

b 新契約高明細表

(単位：億円)

区分	前事業年度 （自 2021年4月1日 至 2022年3月31日）	当事業年度 （自 2022年4月1日 至 2023年3月31日）
個人保険	△2,571	10,503
個人年金保険	2,803	1,669
個人保険＋個人年金保険	232	12,172
団体保険	2,041	1,711
団体年金保険	0	20

(注) 1 個人保険及び個人年金保険は，転換による純増加を含みます。

2 個人年金保険の金額は，年金支払開始時における年金原資であります。

3 団体年金保険の金額は，第1回収入保険料であります。

c 保有契約年換算保険料明細表

(単位：億円)

区分	前事業年度末 （2022年3月31日）	当事業年度末 （2023年3月31日）
個人保険	15,140	14,645
個人年金保険	5,386	5,332
合計	20,527	19,977
うち医療保障・生前給付保障等	7,088	7,019

(注) 1 年換算保険料とは，1回当たりの保険料について保険料の支払方法に応じた係数を乗じ，1年当たりの保険料に換算した金額であります（一時払契約等は，保険料を保険期間で除した金額）。

2 医療保障・生前給付保障等には，医療保障給付（入院給付，手術給付等），生前給付保障給付（特定疾病給付，介護給付等），保険料払込免除給付（障害を事由とするものは除く。特定疾病罹患，

介護等を事由とするものを含む）等に該当する部分の年換算保険料を計上しております。

d　新契約年換算保険料明細表

（単位：億円）

区分	前事業年度 （自　2021年4月1日 至　2022年3月31日）	当事業年度 （自　2022年4月1日 至　2023年3月31日）
個人保険	638	395
個人年金保険	107	66
合計	745	462
うち医療保障・生前給付保障等	482	295

（注）　転換による純増加を含みます。

e　保険料等収入明細表

（単位：億円）

区分	前事業年度 （自　2021年4月1日 至　2022年3月31日）	当事業年度 （自　2022年4月1日 至　2023年3月31日）
個人保険	11,501	11,080
個人年金保険	3,520	2,779
団体保険	1,439	1,441
団体年金保険	5,189	6,247
その他	854	969
小計	22,505	22,519
再保険収入	255	449
合計	22,761	22,968

（注）　その他は，財形保険，財形年金保険，医療保障保険，就業不能保障保険，コミュニティ保険，受再保険の合計であります。

f　保険金等支払金明細表

前事業年度（自　2021年4月1日　至　2022年3月31日）

（単位：億円）

区分	保険金	年金	給付金	解約返戻金	その他返戻金	再保険料	合計
個人保険	5,477	224	1,525	3,182	290	－	10,700
個人年金保険	1	2,736	158	545	29	－	3,471
団体保険	651	7	0	0	－	－	660
団体年金保険	－	2,502	2,561	1,478	2,033	－	8,576
その他	244	65	25	236	130	－	702
小計	6,374	5,535	4,272	5,443	2,484	－	24,110
再保険	－	－	－	－	－	6,049	6,049
合計	6,374	5,535	4,272	5,443	2,484	6,049	30,159

（注）　その他は，財形保険，財形年金保険，医療保障保険，就業不能保障保険，受再保険の合計であります。

当事業年度（自 2022年4月1日 至 2023年3月31日） （単位：億円）

区分	保険金	年金	給付金	解約返戻金	その他返戻金	再保険料	合計
個人保険	5,741	251	2,558	3,582	204	–	12,339
個人年金保険	1	2,810	159	671	32	–	3,674
団体保険	673	6	0	1	–	–	681
団体年金保険	–	2,687	2,993	504	748	–	6,934
その他	408	62	46	273	73	–	865
小計	6,824	5,818	5,759	5,033	1,058	–	24,494
再保険	–	–	–	–	–	18	18
合計	6,824	5,818	5,759	5,033	1,058	18	24,513

(注) その他は，財形保険，財形年金保険，医療保障保険，就業不能保障保険，コミュニティ保険，受再保険の合計であります。

＜国内生命保険事業（第一フロンティア生命保険株式会社）＞

① 経営成績

　当事業年度の経常収益は，保険料等収入2兆6,126億円（前事業年度比73.8％増），資産運用収益5,075億円（同28.7％減），その他経常収益8,790億円（前事業年度は0億円）を合計した結果，3兆9,992億円（同80.6％増）となりました。保険料等収入の増加は，海外金利上昇に伴い外貨建て保険の販売が好調に推移したことによる保険料等収入の増加が，その他経常収益の増加は，Dai-ichi Life Reinsurance Bermuda Ltd.への既契約出再に伴い多額の責任準備金戻入れが発生したことが主な要因であります。

　一方，経常費用は，保険金等支払金3兆6,795億円（同117.0％増），責任準備金等繰入額48億円（同98.4％減），資産運用費用1,937億円（同793.2％増），事業費889億円（同71.4％増），その他経常費用180億円（同49.9％増）を合計した結果，3兆9,852億円（同90.5％増）となりました。保険金等支払金の増加は，出再による再保険料の増加が主な要因であります。

　この結果，経常利益は139億円（同88.6％減）となりました。また，当期純利益は64億円（同95.3％減）となりました。

　生命保険本業における期間収益を示す指標の一つである基礎利益は，海外金利上昇等に伴い外貨建て保険の販売が好調に推移したことによる外貨標準責任準備金の積増し負担の増加等を主な要因として，前事業年度に比べ671億円減少し，

△232億円（前事業年度は439億円）となりました。

② **財政状態**

当事業年度末の資産合計は，8兆6,383億円（前事業年度末比13.1％減）となりました。主な資産構成は，有価証券6兆7,143億円（同8.2％減），現金及び預貯金等7,585億円（同27.9％減）であります。

負債合計は，8兆4,418億円（同12.7％減）となりました。負債の大部分を占める保険契約準備金は7兆6,503億円（同10.2％減）となりました。

純資産合計は，1,965億円（同26.1％減）となりました。

なお，保険金等の支払余力を示すソルベンシー・マージン比率は，前事業年度末に比べ76.3ポイント低下し，440.5％となりました。

③ **契約業績**

個人保険・個人年金保険を合わせた新契約高は，前事業年度に比べて1兆4,620億円増加し，2兆5,215億円（前事業年度比138.0％増）となりました。個人保険・個人年金保険を合わせた保有契約高は，前事業年度末に比べて7,774億円増加し，10兆6,119億円（前事業年度末比7.9％増）となりました。

個人保険・個人年金保険を合わせた新契約年換算保険料は，前事業年度に比べて1,028億円増加し，2,207億円（前事業年度比87.2％増）となりました。なお，保有契約年換算保険料は，前事業年度末に比べて660億円増加し，9,644億円（前事業年度末比7.4％増）となりました。

a　保有契約高明細表

（単位：億円）

区分	前事業年度末 （2022年3月31日）	当事業年度末 （2023年3月31日）
個人保険	60,373	66,497
個人年金保険	37,970	39,621
個人保険＋個人年金保険	98,344	106,119
団体保険	－	－
団体年金保険	－	－

（注）　個人年金保険の金額は，年金支払開始前契約の年金支払開始時における年金原資と年金支払開始後契約の責任準備金額の合計であります。

b 新契約高明細表
(単位：億円)

区分	前事業年度 (自 2021年4月1日 至 2022年3月31日)	当事業年度 (自 2022年4月1日 至 2023年3月31日)
個人保険	6,093	12,187
個人年金保険	4,500	13,028
個人保険＋個人年金保険	10,594	25,215
団体保険	－	－
団体年金保険	－	－

(注) 個人年金保険の金額は，年金支払開始時における年金原資であります。

c 保有契約年換算保険料明細表
(単位：億円)

区分	前事業年度末 (2022年3月31日)	当事業年度末 (2023年3月31日)
個人保険	4,960	5,496
個人年金保険	4,023	4,148
合計	8,983	9,644
うち医療保障・生前給付保障等	30	53

d 新契約年換算保険料明細表
(単位：億円)

区分	前事業年度 (自 2021年4月1日 至 2022年3月31日)	当事業年度 (自 2022年4月1日 至 2023年3月31日)
個人保険	602	948
個人年金保険	577	1,258
合計	1,179	2,207
うち医療保障・生前給付保障等	13	23

(注)1 年換算保険料とは，1回当たりの保険料について保険料の支払方法に応じた係数を乗じ，1年当たり
    の保険料に換算した金額であります（一時払契約等は，保険料を保険期間で除した金額）。
   2 医療保障・生前給付保障等には，医療保障給付（入院給付，手術給付等），生前給付保障給付（特
    定疾病給付，介護給付等），保険料払込免除給付（障害を事由とするものは除く。特定疾病罹患，
    介護等を事由とするものを含む。）等に該当する部分の年換算保険料を計上しております。

e 保険料等収入明細表
(単位：億円)

区分	前事業年度 (自 2021年4月1日 至 2022年3月31日)	当事業年度 (自 2022年4月1日 至 2023年3月31日)
個人保険	6,104	12,082
個人年金保険	4,140	9,723
団体保険	－	－
団体年金保険	－	－
その他	－	－
小計	10,244	21,806
再保険収入	4,786	4,320
合計	15,030	26,126

f 保険金等支払金明細表

前事業年度（自 2021年4月1日 至 2022年3月31日） （単位：億円）

区分	保険金	年金	給付金	解約返戻金	その他返戻金	再保険料	合計
個人保険	1,365	–	1,137	4,528	30	–	7,062
個人年金保険	–	1,726	246	3,046	13	–	5,033
団体保険	–	–	–	–	–	–	–
団体年金保険	–	–	–	–	–	–	–
その他	–	–	–	–	–	–	–
小計	1,365	1,726	1,384	7,575	43	–	12,095
再保険	–	–	–	–	–	4,858	4,858
合計	1,365	1,726	1,384	7,575	43	4,858	16,953

当事業年度（自 2022年4月1日 至 2023年3月31日） （単位：億円）

区分	保険金	年金	給付金	解約返戻金	その他返戻金	再保険料	合計
個人保険	1,773	–	1,359	7,612	54	–	10,799
個人年金保険	–	2,175	239	6,083	48	–	8,547
団体保険	–	–	–	–	–	–	–
団体年金保険	–	–	–	–	–	–	–
その他	–	–	–	–	–	–	–
小計	1,773	2,175	1,598	13,695	103	–	19,346
再保険	–	–	–	–	–	17,449	17,449
合計	1,773	2,175	1,598	13,695	103	17,449	36,795

＜海外保険事業（Protective Life Corporation）＞

　以下では，プロテクティブ社の業績を現地通貨であります米ドル建で表示しております。日本円に換算する際の為替レートは，前事業年度（2020年1月1日から開始し，2020年12月31日に終了した事業年度をいいます。プロテクティブ社において以下同じ。）及び前事業年度末については1米ドル＝103.50円，当事業年度（2021年1月1日から開始し，2021年12月31日に終了した事業年度をいいます。プロテクティブ社において以下同じ。）及び当事業年度末については，1米ドル＝115.02円であります。

① 経営成績

　以下では，プロテクティブ社の業績を現地通貨であります米ドル建で表示しております。日本円に換算する際の為替レートは，前事業年度（2021年1月1日から開始し，2021年12月31日に終了した事業年度をいいます。プロテクティブ社において以下同じ。）及び前事業年度末については1米ドル＝115.02円，当

事業年度（2022年1月1日から開始し，2022年12月31日に終了した事業年度をいいます。プロテクティブ社において以下同じ。）及び当事業年度末については，1米ドル＝132.70円であります。

① 経営成績

　当事業年度の業績は，責任準備金戻入額の増加等により増収となったものの，海外金利の上昇による評価性の損失が発生したこと等により減益となりました。

　経常収益は，保険料等収入6,100百万米ドル（前事業年度比3.5％減），資産運用収益3,813百万米ドル（同28.4％減），その他経常収益3,017百万米ドル（同72.1％増）を合計した結果，12,931百万米ドル（同3.5％減）となりました。

　一方，経常費用は，保険金等支払金6,180百万米ドル（同0.4％増），資産運用費用3,114百万米ドル（前事業年度は108百万米ドル），事業費1,177百万米ドル（同5.4％増），その他経常費用2,268百万米ドル（同528.1％増）を合計した結果，12,740百万米ドル（同0.6％減）となりました。

　これらの結果，経常利益は190百万米ドル（同67.1％減）となりました。また，当期純利益は138百万米ドル（同50.0％減）となりました。

② 財政状態

　当事業年度末の資産合計は，113,151百万米ドル（前事業年度末比14.2％減）となりました。主な資産構成は，有価証券が72,834百万米ドル（同19.6％減），貸付金が13,286百万米ドル（同6.3％増），無形固定資産が4,066百万米ドル（同30.3％増）であります。

　負債合計は，110,930百万米ドル（同8.8％減）となりました。負債の大部分を占める保険契約準備金は，103,105百万米ドル（同6.7％減）となりました。純資産合計は，2,220百万米ドル（同78.5％減）となりました。

＜海外保険事業（TAL Dai-ichi Life Australia Pty Ltd）＞

　以下では，TALの業績を現地通貨であります豪ドル建で表示しております。日本円に換算する際の為替レートは，前事業年度及び前事業年度末については1豪ドル＝92.00円，当事業年度及び当事業年度末については1豪ドル＝89.69円であります。

① 経営成績

　当事業年度の業績は，Westpac Life Insurance Services Limited（現TAL Life Insurance Services Limited）の買収完了による保険料等収入の増加を主な要因として増収増益となりました。

　経常収益は，保険料等収入7,399百万豪ドル（前事業年度比19.0％増），資産運用収益196百万豪ドル（前事業年度は1百万豪ドル），その他経常収益736百万豪ドル（同297.8％増）を合計した結果，8,331百万豪ドル（同30.1％増）となりました。

　経常費用は，保険金等支払金5,413百万豪ドル（同10.4％増），責任準備金等繰入額909百万豪ドル（前事業年度は－百万豪ドル），資産運用費用52百万豪ドル（同66.5％減），事業費1,173百万豪ドル（同19.3％増），その他経常費用216百万豪ドル（同8.2％増）を合計した結果，7,764百万豪ドル（同24.4％増）となりました。

　これらの結果，経常利益は567百万豪ドル（同247.8％増）となりました。また，当期純利益は409百万豪ドル（同224.5％増）となりました。

② 財政状態

　当事業年度末の資産合計は，17,931百万豪ドル（前事業年度末比27.7％増）となりました。主な資産構成は，有価証券が9,720百万豪ドル（同37.3％増），無形固定資産が1,011百万豪ドル（同2.7％減），現預金が738百万豪ドル（同18.4％減）であります。

　負債合計は，13,474百万豪ドル（同25.8％増）となりました。負債の大部分を占める保険契約準備金は，10,769百万豪ドル（同29.4％増）となりました。

　純資産合計は，4,457百万豪ドル（同33.7％増）となりました。

(2) 資本政策 ···

① 資本政策の基本的な考え方

　当社グループでは，財務健全性を確保しつつ，持続的な企業価値向上と株主還元の充実を目指し，ERMの枠組みに基づく資本政策運営を行っております。

　グループの事業を取り巻くリスクを適切にコントロールすると同時に，グルー

プ各社の成長ステージに応じた持株会社への還元や内部留保を行い，必要に応じて外部調達も活用してグループの成長に向けた投資と資本基盤の強化へバランスの取れた資本配賦を実践することで，財務健全性の確保と資本効率の向上を通じたグループ利益の持続的な成長を推進しております。

2021-23年度の中期経営計画「Re-connect 2023」では，それまでのERMサイクル（利益・資本・リスク）を進化させ，量から質へと経営の価値観をシフトさせ，資本循環経営の実践を通じて持続的な成長を目指しております。資本循環経営とは，各事業会社の余剰資本等を財源として，より高い資本効率や成長性が見込まれる事業への資本投下や，株主還元の充実等を通じてグループ資本効率を高めるとともに，資本・キャッシュ創出力を高める好循環経営を意味しています。

具体的には，各事業会社から当社への配当金額については，経済価値ベースの財務健全性や各国の健全性規制・会計制約等，複数の視点や制約からストックとなるフリーキャッシュを割り出し，これに基づき決定する運営を行っております。また，資本の配賦・回収等は，個々の事業リスク特性等に応じた資本コストを設定した上で事業成果を評価し意思決定を行います。こうして創出されたフリーキャッシュ・フローを，これまで以上に全体最適なバランスで健全性確保，成長投資，株主還元に振り向けてまいります。また，量から質へと経営の価値観をシフトさせる中で，資本効率については資本コストを安定凌駕することを目指し，修正ROE及びROEVを中長期的に引き上げる一方で，市場関連リスク削減等により資本コストを引き下げる取組みを行っております。

具体的には，会計利益ベースの資本効率指標であるグループ修正ROEは，現中期経営計画の最終年度である2024年3月期末に8％程度，中長期的には9％程度を目指しております。経済価値ベースの資本効率指標であるグループROEVは，中長期的に平均8％程度の成長率を目指しております。想定資本コストは現在10％程度の自己認識のところ，市場関連リスク削減等を通じ中期的に8％程度への低減を目指しております。

成長投資については，健全性のターゲット水準に応じて，内部留保等を活用し，既存事業の競争力強化や，事業ポートフォリオの拡大・分散につながる投資を行ってまいります。

株主還元については，利益に応じた毎期の安定配当として，過去3年平均のグループ修正利益に対する配当性向30％以上を実現することに加え，総還元性向の目安を中期平均50％とし，機動的・柔軟な追加還元を戦略的に検討・実施してまいります。

　上記，資本循環経営の土台となる財務健全性を安定的に確保するため，現在の国内保険会社に対する健全性基準であるソルベンシー規制に加え，国際的な資本規制動向も踏まえ，従来から資産・負債の時価評価を行う経済価値ベースの健全性指標である資本充足率（ESR）を導入しており，170％〜200％をターゲット水準と位置付け，水準に応じた資本政策を柔軟に検討してまいります。財務健全性の強化に向けては市場関連リスクの削減に加え，財務格付に留意しつつ必要に応じて外部調達を活用することで，財務健全性の維持・向上を図ってまいります。

＜資本循環経営イメージ＞

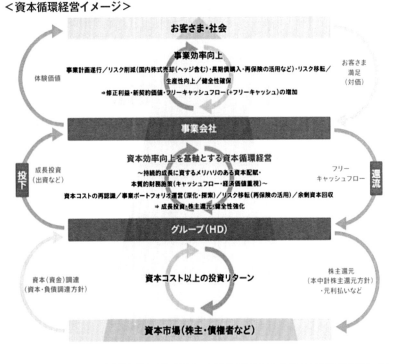

② 資本政策の当連結会計年度における状況

　当連結会計年度の1株当たり株主配当額は，前連結会計年度より3円増配の86円といたしました。また，自己株式取得額は，現中期経営計画における株主還元方針に則り，上限1,200億円といたしました。グループ資本の充実や流動性確保に向けては，第一生命保険株式会社において2022年10月に永久劣後特約付借入の借換え（640億円）を実施しております。

（3）　キャッシュ・フローの状況

　営業活動によるキャッシュ・フローは，主に保険料等収入が増加したことにより，前期と比べて3,296億円支出減の1,324億円の支出となりました。

　投資活動によるキャッシュ・フローは，主に短期資金運用による支出が増加したことにより，前期と比べて6,528億円収入減の3,104億円の収入となりました。

　財務活動によるキャッシュ・フローは，主に借入れによる収入が減少したことにより，前期と比べて1,447億円支出増の3,254億円の支出となりました。

　以上の結果，現金及び現金同等物の当連結会計年度末残高は，期首から994億円減少し，2兆5,172億円（前連結会計年度末は2兆6,167億円）となりました。

（4）　生産，受注及び販売の実績

　当社グループの主たる事業である生命保険事業において，他の業態と異なり物品の生産や受注を行わない業務の特性により，本項における記載に該当する情報がないため記載しておりません。

（5）　重要な会計上の見積り及び当該見積りに用いた仮定

　当社グループの連結財務諸表は我が国において一般に公正妥当と認められる企業会計の基準に準拠して作成しております。その作成には経営者による会計方針の選択・適用，資産・負債及び収益・費用の開示に影響を与える見積りを必要とします。経営者は，これらの見積りについて過去の実績等を勘案し合理的に判断しておりますが，実際の結果は，見積り特有の不確実性があるため，これらの見積りと異なる場合があります。

当社グループの連結財務諸表で採用する重要な会計方針は，後記「第5 経理の状況　1 連結財務諸表等　(1)連結財務諸表」の「連結財務諸表作成のための基本となる重要な事項」に記載しておりますが，特に以下の重要な会計方針及び見積りが連結財務諸表に大きな影響を及ぼすと考えております。なお，これらの見積りに対する新型コロナウイルス感染症による影響として，2023年3月期の連結財務諸表に与える影響は軽微であり，本書提出日時点では2024年3月期の連結財務諸表に重要な影響を及ぼすリスクがある項目を識別しておりません。

① **金融商品の時価の算定方法**

　有価証券の一部及びデリバティブ取引は，時価法に基づいて評価しております。時価は，原則として市場価格に基づいて算定しておりますが，一部の有価証券及びデリバティブ取引については将来キャッシュ・フローの現在価値等に基づく合理的な見積りによっております。

　将来，見積りに影響する新たな事実の発生等により，見積り額は変動する可能性があります。なお，金融商品の時価の算定方法に係る基準は，後記「第5 経理の状況　1 連結財務諸表等　(1)　連結財務諸表」の（金融商品関係）の注記に記載のとおりであります。

② **有価証券の減損処理**

　売買目的有価証券以外の有価証券のうち，時価が著しく下落したものについては合理的な基準に基づいて減損処理を行っております。

　将来，株式市場の悪化等，金融市場の状況によっては多額の有価証券評価損を計上する可能性があります。なお，有価証券の減損処理に係る基準は，後記「第5 経理の状況　1 連結財務諸表等　(1)　連結財務諸表」の（有価証券関係）の注記に記載のとおりであります。

③ **固定資産の減損処理**

　固定資産については，資産グループの回収可能価額が帳簿価額を下回った場合に，その差額を減損損失に計上しております。

　回収可能価額は，資産グループの時価から処分費用見込み額を控除した正味売却価額と割引後将来キャッシュ・フローとして算定される使用価値のいずれか大きい方としていることから，将来，固定資産の使用方法を変更した場合又は不動

産取引相場や賃料相場が変動した場合には，新たに減損損失が発生する可能性があります。なお，固定資産の減損処理に係る基準は，後記「第5 経理の状況　1 連結財務諸表等　(1)　連結財務諸表」の（連結損益計算書関係）の注記に記載のとおりであります。

④　**のれん及びその償却方法**

連結貸借対照表の資産の部には「のれん」が計上されております。当該「のれん」は，他の企業又は事業を取得した場合，その取得に要した費用（取得原価）が受け入れた資産及び引き受けた負債に配分された純額を上回る場合に計上されるものであります。また，当該「のれん」の算定において用いられる取得に要した費用並びに受け入れた資産及び引き受けた負債の算定には一定の前提条件を置いており，見積りの要素を含んでおります。

この「のれん」は，20年以内のその効果の及ぶ期間にわたって均等償却しております。

なお，のれんの評価方法は，後記「第5 経理の状況　1 連結財務諸表等　(1)　連結財務諸表」の（重要な会計上の見積り）の注記に記載のとおりであります。

⑤　**保有契約価値及びその償却方法**

連結貸借対照表のその他の無形固定資産には「保有契約価値」が含まれております。

「保有契約価値」とは，買収等で獲得したその買収時点で有効な保険契約及び投資契約に関して，そのキャッシュ・フローから得られる将来利益を現在価値として計算し，無形固定資産として計上するものであります。この「保有契約価値」の算定には見積りの要素を含んでおりますが，前提条件については毎期回復可能性テストを実施し，資産計上額の妥当性を判定した上で資産計上しております。

「保有契約価値」は，その効果が及ぶと見積もられる期間にわたり，効果の発現する態様にしたがって償却しております。

なお，保有契約価値の評価方法は，後記「第5 経理の状況　1 連結財務諸表等　(1)　連結財務諸表」の（重要な会計上の見積り）の注記に記載のとおりであります。

⑥　**繰延税金資産の回収可能性の評価**

　繰延税金資産の回収可能性の判断に際して，将来の通算グループ全体の課税所得は事業計画に基づく将来予測に直近の業績見通しを反映し，合理的に見積っております。

　また，期末における将来減算一時差異の解消見込年度のスケジューリングに際して，個別に解消年度のスケジューリングをすることが実務上困難なものは，過去の税務上の損金の算入実績により合理的に見積もっております。

　繰延税金資産の回収可能性は，将来の通算グループ全体の課税所得の見積りに依存するため，将来，当社グループを取り巻く環境に大きな変更があった場合等，その見積り額が変動した場合は，繰延税金資産の回収可能性が変動する可能性があります。

⑦　**貸倒引当金の計上基準**

　債権の貸倒れによる損失に備えるため，資産の自己査定基準及び償却・引当基準に則り，債務者の状況に応じ，回収不能見積り額を計上しております。

　将来，債務者の財務状況が悪化し支払い能力が低下した場合には，引当金の追加計上又は貸倒損失が発生する可能性があります。なお，貸倒引当金の計上基準は，後記「第5 経理の状況　1 連結財務諸表等　(1)　連結財務諸表」の（連結財務諸表作成のための基本となる重要な事項）に記載のとおりであります。

⑧　**支払備金の積立方法**

　保険契約に基づいて支払義務が発生したと認められる保険金等のうち，期末時点において支払いが行われていない，又は支払事由の報告を受けていないが支払事由が既に発生したと認められる保険金等について，支払備金として積み立てております。将来，新たな事実の発生等により，支払備金の計上額が変動する可能性があります。なお，既発生未報告支払備金（IBNR備金）の計算方法は，後記「第5 経理の状況1 連結財務諸表等 (1) 連結財務諸表」の（連結財務諸表作成のための基本となる重要な事項）に記載のとおりであります。

⑨　**責任準備金の積立方法**

　保険契約に基づく将来における債務の履行に備えるため，責任準備金を積み立てております。

責任準備金は各国の規制や会計基準に基づき，契約時等に定めた計算方法や計算前提等に基づく将来の予定キャッシュ・フローの見積りに基づき算出した額を積み立てております。

　なお，当該見積りと直近の実績が大きく乖離すること等により，将来の債務の履行に支障を来すおそれがあると認められる場合には，追加して責任準備金を積み立てる必要があることから，責任準備金に積み立て不足が生じていないかを検証するために，責任準備金の十分性を確認するテストを実施しております。

　なお，責任準備金の積立方法は，後記「第5 経理の状況 1 連結財務諸表等（1）連結財務諸表」の（連結財務諸表作成のための基本となる重要な事項）に記載のとおりであります。

⑩　**退職給付債務及び退職給付費用**

　退職給付債務及び退職給付費用は，年金資産の期待運用収益率や将来の退職給付債務算出に用いる数理計算上の前提条件に基づいて算出しております。

　このため，実際の結果が前提条件と異なる場合や前提条件の変更が行われた場合には，将来の退職給付債務及び退職給付費用が変動する可能性があります。なお，退職給付債務等の計算の基礎に関する事項は，後記「第5経理の状況　1 連結財務諸表等　（1）　連結財務諸表」の（退職給付関係）の注記に記載のとおりであります。

（参考1）　当社グループの固有指標の分析

1　主要な固有指標 ···

（1）　基礎利益 ···

①　**基礎利益**

　基礎利益とは生命保険本業における期間収益を示す指標の一つであります。当社グループの基礎利益は，当社，国内保険会社（第一生命保険株式会社，第一フロンティア生命保険株式会社，ネオファースト生命保険株式会社，アイペットホールディングス株式会社）の基礎利益，海外保険会社（プロテクティブ，TAL，Partners Group Holdings Limited, Dai-ichi Life Insurance Company of Vietnam, Limited, Dai-ichi Life Insurance（Cambodia）PLC., Dai-ichi Life

Insurance Myanmar Ltd.) の各国で生命保険本業における期間収益を示すために一般的に用いられる利益，関連会社の持分利益（税引前換算）等を合算し，グループの内部取引の一部を相殺すること等により算出しております。

アイペットホールディングス株式会社を除く国内保険会社の場合，基礎利益は，保険契約者から受領した保険料等の保険料等収入，資産運用収益及び責任準備金戻入額等その他経常収益等で構成される基礎収益から，保険金等支払金，責任準備金等繰入額，資産運用費用，事業費及びその他経常費用等から構成される基礎費用を控除したものであります。アイペットホールディングス株式会社の場合，基礎利益は，税引前当期純利益から非支配株主に属する当期純利益（税引前換算）を控除したものであります。また，基礎利益に有価証券売却損益等の「キャピタル損益」と危険準備金繰入額等の「臨時損益」を加味したものが経常利益となります。

海外保険会社の場合，基礎利益として，プロテクティブの税引前営業利益，TAL，Partners Group Holdings Limitedの基礎的な利益（税引前換算），Dai-ichi Life Insurance Company of Vietnam, Limited, Dai-ichi Life Insurance (Cambodia) PLC., 及びDai-ichi Life Insurance Myanmar Ltd.の税引前利益を用いております。

② 順ざや額/逆ざや額

国内生命保険会社は，保険料を計算するにあたって，資産運用を通じて得られる収益を予め見込んで，その分保険料を割り引いて計算しております。この割引率を「予定利率」といい，市中金利水準等を勘案して設定しております。そのため，保険会社は，毎年割り引いた分に相当する金額（予定利息）等の負債コストを運用収益等で確保する必要があります。

予定利息を実際の運用収益等でまかなえている状態を「順ざや」といい，まかなえていない状態を「逆ざや」といいます。

当社グループの順ざや額/逆ざや額は，国内生命保険会社（第一生命保険株式会社，第一フロンティア生命保険株式会社，ネオファースト生命保険株式会社）の合算値であります。

<順ざや額/逆ざや額の算出方法>

　順ざや額/逆ざや額 ＝ （ 基礎利益上の運用収支等の利回り － 平均予定利率 ）× 一般勘定責任準備金

・「平均予定利率」とは、予定利息の一般勘定責任準備金に対する利回りをいいます。

③　基礎利益の算定方法の改正

　2023年3月期より，経済的な実態の反映および保険会社間の取扱いに一貫性を持たせる観点から，基礎利益の算定方法が改正されております。主な改正項目は以下のとおりであります。

改正項目		改正内容
為替に係るヘッジコスト		基礎利益の算定に含める
投資信託の解約損益		基礎利益の算定から除外
有価証券償還損益のうち為替変動部分		
再保険に関する損益	既契約の出再に伴う損益	
	基礎利益以外の損益と対応する再保険に関する損益	

　なお，2022年3月期についても，基礎利益の算定方法の改正後の基準を反映した実績を記載しております。

(2)　責任準備金 ·····································

　国内生命保険会社の責任準備金は，生命保険会社が将来の保険金等の支払いを確実に行うために，保険料や運用収益等を財源として保険業法により積立てが義務付けられている準備金のことで，生命保険会社の負債の最も大きな部分を占めております。

　国内生命保険会社については，保険業法に基づき責任準備金を積み立てており，「保険料積立金」，「未経過保険料」及び「危険準備金」で構成されております。

	内容
保険料積立金	保険契約に基づく将来の債務の履行に備えるため、保険数理に基づき計算した金額をいいます。ただし、払戻積立金として積み立てる金額を除きます。
未経過保険料	未経過期間（保険契約に定めた保険期間のうち、決算期において、まだ経過していない期間をいいます。）に対応する責任に相当する額として計算した金額をいいます。ただし、払戻積立金として積み立てる金額を除きます。
危険準備金	保険契約に基づく将来の債務を確実に履行するため、将来発生が見込まれる危険に備えて計算した金額をいいます。

　なお、責任準備金は事業年度末において要積立額を計算し、前事業年度末残高との差額を損益計算書に計上いたします。即ち、事業年度末の要積立額が前事業年度末残高を上回る場合にはその差額を責任準備金繰入額として経常費用の科目に計上し、事業年度末の要積立額が前事業年度末残高を下回る場合にはその差額を責任準備金戻入額として経常収益の科目に計上いたします（四半期会計期間末においても同様に計上いたします。）。

　責任準備金の積立水準は、積立方式と計算基礎率によって決まります。保険業法において責任準備金の積立方式及び計算基礎率について定められております。

　海外生命保険会社については、各国の法令や規制等に基づき積み立てております。

(3)　ソルベンシー・マージン比率

　ソルベンシー・マージン比率とは、通常の予測を超えて発生するリスクに備えて「支払余力」がどの程度カバーされているかを示す行政監督上の指標の一つであります。具体的には、保険会社が抱える保険金等のお支払いに係るリスクや資産運用に係るリスク等、多様なリスクが通常の予測を超えて発生した場合、資本等の内部留保と有価証券含み益等の合計（ソルベンシー・マージン総額）で、これらのリスク（リスクの合計額）をどの程度カバーできているかを指数化したものであります。同比率の算出は、ソルベンシー・マージン総額をリスクの合計額で割り算して求め、同比率が200%以上であれば、健全性について一つの基準を満たしていることを示しております。

$$\text{ソルベンシー・マージン比率} = \frac{\text{ソルベンシー・マージン総額}}{\text{リスクの合計額} \times 1/2} \times 100 \ (\%)$$

（4） 実質純資産額 ....

　実質純資産額とは，貸借対照表の資産を基礎として計算した額（有価証券・不動産等について一定の時価評価を行ったもの）から負債の部に計上されるべき金額を基礎として計算した額（負債の額から価格変動準備金・危険準備金等の額を差し引いた額）を控除した金額を言い，保険会社の健全性の状況を示す行政監督上の指標の一つであります。金融庁による早期是正措置において，実質的な債務超過の判定基準として用いられる額であります。

2　当社グループの固有指標の分析 ....

（1）　基礎利益 ....

①　基礎利益

　当社グループの基礎利益は，前事業年度比で1,859億円減少し，3,642億円（前期比33.8％減）となりました。これは，主に第一生命保険株式会社における危険差益の悪化等に伴う保険関係損益の減少によります。

②　順ざや額／逆ざや額

　当社グループの順ざや額は，第一生命保険株式会社において一般勘定資産運用損益が減少したこと等により，前事業年度に比べ455億円減少し，1,192億円（前期比27.6％減）となりました。

（2）　連結ソルベンシー・マージン比率 ·······························

当社グループの連結ソルベンシー・マージン比率は，704.1％と前期比198.5ポイント減となりました。詳細については，以下のとおりであります。

（単位：億円）

項目		前事業年度末 （2022年3月31日）	当事業年度末 （2023年3月31日）
ソルベンシー・マージン総額（A）		83,444	59,751
資本金等[*1]		15,613	12,798
価格変動準備金		2,873	3,055
危険準備金		7,159	7,007
異常危険準備金		－	54
一般貸倒引当金		2	15
（その他有価証券評価差額金（税効果控除前）・繰延ヘッジ損益（税効果控除前））×90%（マイナスの場合100%）		29,463	9,947
土地の含み損益×85%（マイナスの場合100%）		3,617	3,784
未認識数理計算上の差異及び未認識過去勤務費用の合計額		119	323
全期チルメル式責任準備金相当額超過額		22,508	23,059
負債性資本調達手段等		10,037	9,237
全期チルメル式責任準備金相当額超過額及び負債性資本調達手段等のうち，マージンに算入されない額		△5,825	△7,320
控除項目		△2,786	△2,855
その他		659	644
リスクの合計額 $\sqrt{\left(\sqrt{R_1^2+R_5^2+R_8+R_9}\right)^2+(R_2+R_3+R_7)^2+R_4+R_6}$	（B）	18,487	16,971
保険リスク相当額	R_1	1,495	1,661
一般保険リスク相当額	R_5	41	148
巨大災害リスク相当額	R_6	15	17
第三分野保険の保険リスク相当額	R_8	1,854	1,882
少額短期保険業者の保険リスク相当額	R_9	0	0
予定利率リスク相当額	R_2	2,099	2,074
最低保証リスク相当額	R_7 [*2]	761	746
資産運用リスク相当額	R_3	14,873	13,350
経営管理リスク相当額	R_4	422	397
ソルベンシー・マージン比率 $\dfrac{(A)}{(1／2)×(B)}×100$		902.6%	704.1%

＊1　社外流出予定額及びその他の包括利益累計額等を除いております。

＊2　標準的方式を用いて算出しております。

（注）　上記は，保険業法施行規則第210条の11の3，第210条の11の4及び平成23年金融庁告示第23号の規定に基づいて算出しております。

3　第一生命保険株式会社の固有指標の分析 ·······························

（1）　基礎利益 ·······························

①　基礎利益

生命保険本業における期間収益を示す指標の一つである基礎利益は，前事業年度に比べ1,504億円減少し，2,571億円（前事業年度比49.4％減）となりました。

これは，主に危険差益の悪化等に伴う保険関係損益の減少によるものであります。詳細については，後記「（参考3）第一生命保険株式会社の一般社団法人生命保険協会の定める決算発表様式に準ずる情報　3. 経常利益等の明細（基礎利益）」をご参照下さい。

② 順ざや額／逆ざや額

　順ざや額は，一般勘定資産運用損益が減少したこと等により，820億円（前事業年度は1,307億円）となりました。

＜第一生命保険株式会社の順ざや額／逆ざや額＞ (単位：億円)

	2022年3月期	2023年3月期
順ざや額／逆ざや額（注）1（注）2	1,307	820
基礎利益上の運用収支等の利回り(%)	2.48	2.19
平均予定利率(%)	2.00	1.89
一般勘定責任準備金	274,270	268,724

(注) 1　正値の場合は順ざや額
　　 2　なお，2022年3月期についても，基礎利益の算定方法の改正後の基準を反映した実績を記載しております。

(2)　責任準備金 ···

　第一生命保険株式会社は，保険業法等で定められた基準に基づき，標準責任準備金対象契約については，平成8年大蔵省告示第48号に定める方式により責任準備金（標準責任準備金）を積み立て，それ以外の契約については「平準純保険料式」により責任準備金を積み立てており，法令上最も健全な積立方式を採用しております。

＜個人保険及び個人年金保険の責任準備金の積立方式・積立率＞

		2022年3月期末	2023年3月期末
積立方式	標準責任準備金対象契約	標準責任準備金	標準責任準備金
	標準責任準備金対象外契約	平準純保険料式	平準純保険料式
積立率（危険準備金を除く。）		100.0%	100.0%

　2008年3月期より，健全性の更なる向上のために，高予定利率の終身保険のうち払込満了後契約等に対して，追加責任準備金の積立てを行っており，2022年3月期は722億円，2023年3月期は687億円の新規繰り入れを実施しております。

(3) ソルベンシー・マージン比率 ································

　保険金等の支払余力を示すソルベンシー・マージン比率は，865.4％となりました。また，第一生命保険株式会社の連結ソルベンシー・マージン比率は882.8％となりました。詳細については，後記「(参考3) 第一生命保険株式会社の一般社団法人生命保険協会の定める決算発表様式に準ずる情報　5. ソルベンシー・マージン比率」をご参照下さい。

(4) 実質純資産額 ································

　実質純資産額は，前事業年度末に比べ1兆7,472億円減少し，6兆6,083億円（前事業年度末比20.9％減）となりました。

4　第一フロンティア生命保険株式会社の固有指標の分析 (1)　基礎利益 ········

　生命保険本業における期間収益を示す指標の一つである基礎利益は，円安影響による保険関係損益の悪化を主な要因として，前事業年度に比べ671億円減少し，△232億円となりました。詳細については，後記「(参考4) 第一フロンティア生命保険株式会社の一般社団法人生命保険協会の定める決算発表様式に準ずる情報 3. 経常利益等の明細（基礎利益)」をご参照下さい。

(2)　責任準備金 ································

　第一フロンティア生命保険株式会社においては，保険業法等で定められている基準に基づき，最も健全な積立方式である標準責任準備金を積み立てておりますが，一時払個人年金保険の運用目標値到達後の解約増加及び既契約の出再等により，責任準備金は前事業年度末に比べ8,783億円減少し，7兆6,208億円（前事業年度末比10.3％減）となりました。

(3)　ソルベンシー・マージン比率 ································

　ソルベンシー・マージン比率は，440.5％（前事業年度末比76.3ポイント減）となりました。詳細については，後記「(参考4) 第一フロンティア生命保険株式会社の一般社団法人生命保険協会の定める決算発表様式に準ずる情報　6. ソル

ベンシー・マージン比率」をご参照下さい。

（4）　実質純資産額

実質純資産額は，前事業年度末に比べ3,214億円減少し，2,287億円（前事業年度末比58.4％減）となりました。

（参考2）　当社グループ及び第一生命保険株式会社のEV

1　EVについて

EVは，「貸借対照表上の純資産の部の金額に必要な修正を加えた修正純資産」と，「保有契約から生じる将来の税引後利益の現在価値である保有契約価値」を合計したものであり，株主に帰属する企業価値を表す指標の一つであります。

現行の生命保険会社の法定会計では，新契約を獲得してから会計上の利益を計上するまでに時間がかかるため，新契約が好調な場合には新契約獲得に係る費用により収益が圧迫される等，必ずしも会社の経営実態を表さないことがあります。一方，EVでは，将来の利益貢献が新契約獲得時に認識されるため，法定会計による財務情報を補強することができると考えられております。

EVには複数の計算手法がありますが，当社グループが開示しているEVはヨーロピアン・エンベディッド・バリュー（European Embedded Value：以下，「EEV」という。）と呼ばれるものであります。

EEVについては，EVの計算手法，開示内容について一貫性及び透明性を高めることを目的に，2004年5月に，欧州の大手保険会社のCFO（最高財務責任者）から構成されるCFOフォーラムにより，EEV原則及びそれに関するガイダンスが制定されております。また，2005年10月には，EEVの感応度と開示に関する追加のガイダンスが制定されております。なお，2016年5月にEEV原則の改訂が行われ，開示の範囲・内容が適切であることや，計算手法及びその前提，重要な判断並びに重要な計算前提に関する感応度が十分に示される限りにおいて，柔軟な開示を許容するものとなりました。

EEVの算出にあたり，当社グループでは主に市場整合的手法に基づく評価を行っております。具体的には，第一生命，ネオファースト生命，TAL及びプロテ

クティブの変額年金事業については市場整合的手法を，第一フロンティア生命については市場調整評価手法を，プロテクティブの変額年金以外の事業についてはトップダウン手法を，また，第一生命ベトナム及びパートナーズ・ライフについては，伝統的手法に基づき計算したEV（以下，「TEV」という。）を用いております。

　市場整合的手法とは，資産・負債のキャッシュ・フローを市場で取引されている金融商品と整合的に評価しようとするものであり，欧州を中心に多くの会社で採用されております。市場調整評価手法とは，市場整合的手法による評価をベースとして，会社の実際の保有資産のスプレッドを反映した割引率を用いて評価しようとするものであり，ICSにおける議論を参考にしております。また，トップダウン手法とは，会社，商品，事業あるいは地域等のリスク特性に応じた割引率を用いて評価しようとするものであります。いずれの手法も，EEV原則で認められているものであります。

　今回，当社グループが計算したEVは，市場整合的な手法を取り入れつつ，EEV原則へ準拠したものとしております。

2　EEV計算結果

（1）　グループEEV

①　グループEEV

　2023年3月末におけるグループEEVは以下のとおりであります。国内金利上昇を主な要因として，グループEEVは2022年3月末より増加いたしました。

（単位：億円）

	2022年3月末	2023年3月末	増減
グループEEV	71,509	73,490	＋ 1,981
対象事業（covered business）のEEV	72,000	75,122	＋ 3,121
修正純資産	60,358	47,509	△ 12,849
保有契約価値	11,642	27,613	＋ 15,970
対象事業以外の純資産等に係る調整	△ 491	△ 1,632	△ 1,140

	2022年3月期	2023年3月期	増減
新契約価値	1,266	879	△ 388

（注）1　対象事業（covered business）のEEVは，第一生命，第一フロンティア生命，ネオファースト生命，
　　　　プロテクティブ，TALのEEV及び第一生命ベトナム，パートナーズ・ライフ のTEVのうち第一

生命ホールディングス（第一生命インターナショナルホールディングス合同会社による間接保有含む，以下同様）の出資比率に基づく持分の合計から，第一生命が保有するTALの優先株式の評価額を控除することにより算出しております。なお，第一生命，第一フロンティア生命，ネオファースト生命，プロテクティブ，TAL及び第一生命ベトナムに対する第一生命ホールディングスの出資比率は2022年3月末時点及び2023年3月末時点で100.0％であります（ただし，TALについては第一生命を通じた優先株式の間接保有を含み，その評価額は2022年3月末時点で208億円，2023年3月末時点で207億円であります）。

2　パートナーズ・ライフの完全子会社化は2022年11月30日に完了いたしました。2022年3月末のグループEEVには，パートナーズ・ライフのTEVは含まれません。パートナーズ・ライフに対する第一生命ホールディングスの出資比率は2023年3月末で100.0％であります。

3　2022年3月末時点において，第一フロンティア生命のEEVには，Dai-ichi Life ReinsuranceBermuda Ltd.（以下，「Dai-ichi Re」という。）のEEVを含みます。2023年3月末時点において，Dai-ichi ReのEEVのうち，保有契約価値は元受保険会社である第一フロンティア生命及びネオファースト生命に含めて計算しており，修正純資産は第一フロンティア生命に含めて計算しております。

4　対象事業以外の純資産等に係る調整には，第一生命ホールディングスの単体貸借対照表の純資産の部，第一生命ホールディングスが保有する第一生命，第一フロンティア生命，ネオファースト生命，プロテクティブ，TAL，第一生命ベトナム及びパートナーズ・ライフの株式または出資金の簿価の控除及び第一生命ホールディングスが保有する資産・負債を時価評価する調整等が含まれます。なお，第一生命ホールディングスが保有する上記子会社の株式の簿価は以下のとおりであります。
生命保険事業を行う子会社の株式又は出資金の簿価

（単位：億円）

	2022年3月末	2023年3月末
第一生命	3,800	3,800
第一フロンティア生命	1,819	1,819
ネオファースト生命	135	135
プロテクティブ	6,054	6,054
TAL	1,594	2,341
第一生命ベトナム	389	507
パートナーズ・ライフ	－	883

5　2022年3月末及び2023年3月末のグループEEVには，第一生命グループの連結財務諸表におけるプロテクティブ及び第一生命ベトナムの決算基準日である2021年12月末及び2022年12月末のプロテクティブのEEV及び第一生命ベトナムのTEVを含めております。2022年3月期及び2023年3月期の第一生命グループの新契約価値には，2021年1月1日から2021年12月31日及び2022年1月1日から2022年12月31日までのプロテクティブ及び第一生命ベトナムの新契約価値を含めております。

（参考）
　修正純資産に計上されている含み損益は法定会計上の利益として将来実現する見込みであり，保有契約価値と含み損益の合計額は，保険契約の保有により生じ

る将来利益を表すと考えられます。

この考えに基づき，グループEEVの総額を「純資産等と負債中の内部留保の合計」と，保険契約の保有により生じる将来利益として「保有契約価値と確定利付資産の含み損益等の合計」及び「確定利付資産以外の含み損益等」に組み替えて表示すると，以下のとおりとなります。

（単位：億円）

グループEEV	2022年3月末	2023年3月末	増減
グループEEV	71,509	73,490	＋ 1,981
純資産等＋負債中の内部留保(注) 1	22,351	22,647	＋ 296
保有契約価値＋確定利付資産の含み損益等(注) 2	26,298	29,497	＋ 3,199
確定利付資産以外の含み損益等(注) 3	22,860	21,346	△ 1,514

(注) 1　グループEEVの修正純資産に対象事業以外の純資産等に係る調整を反映し，含み損益等を除いた額を計上しており，実現利益の累積額に相当いたします。

　　 2　保有契約価値に，第一生命の確定利付資産並びに第一フロンティア生命及びネオファースト生命の資産の含み損益等を加算・調整した額を計上しております。本項目は，未実現利益のうち，主に金利の影響を受ける部分であり，金利水準等の変化に応じた保有契約価値及び確定利付資産の含み損益等の変動額は，互いに相殺関係にあります。

　　 3　第一生命が保有する確定利付資産以外の資産（株式，外貨建債券（ヘッジ外債を除く），不動産等）の含み損益等の額を計上しております。

②　修正純資産

修正純資産は，株主に帰属すると考えられる純資産で，資産時価が法定責任準備金（危険準備金を除く）及びその他負債（価格変動準備金等を除く）を超過する額であります。

具体的には，貸借対照表の純資産の部の金額に負債中の内部留保，一般貸倒引当金，時価評価されていない資産・負債の含み損益，退職給付の未積立債務及びこれらに係る税効果等を調整したものであり，内訳は以下のとおりであります。国内金利上昇により，修正純資産は2022年3月末より減少いたしました。

	2022年3月末	2023年3月末	増減
修正純資産	60,358	47,509	△ 12,849
純資産の部合計(注) 1	16,771	18,149	＋ 1,377
負債中の内部留保(注) 2	11,002	11,013	＋ 11
一般貸倒引当金	2	16	＋ 13
有価証券等の含み損益	44,761	23,867	△ 20,894
貸付金の含み損益	917	84	△ 833
不動産の含み損益(注) 3	5,202	5,819	＋ 616
負債の含み損益(注) 4	20	436	＋ 416
退職給付の未積立債務(注) 5	164	347	＋ 183
上記項目に係る税効果	△ 17,102	△ 11,395	＋ 5,707
対象事業（covered business）内の資本取引に係る調整(注) 6	△ 208	△ 207	＋ 1
プロテクティブの繰延税金資産等に係る調整(注) 7	△ 515	△ 391	＋ 125
無形固定資産等に係る調整(注) 8	△ 656	△ 229	＋ 428

（注） 1　評価・換算差額等合計を除いた額を計上しております。また，第一フロンティア生命において修正
　　　　共同保険式再保険等に係る調整を行っており，当該調整額を含めて表示しております。
　　　 2　価格変動準備金，危険準備金，配当準備金中の未割当額及びプロテクティブの価格変動準備金に
　　　　相当する額の合計額を計上しております。
　　　 3　土地については，時価と再評価前帳簿価額の差額を計上しております。
　　　 4　劣後債務等の含み損益を計上しております。
　　　 5　未認識過去勤務費用及び未認識数理計算上の差異を計上しております。
　　　 6　2022年3月末及び2023年3月末の第一生命のEEVには，第一生命の保有するTALの優先株式の評
　　　　価額が含まれます。対象事業（covered business）のEEVを計算する際には，第一生命のEEVに含
　　　　まれるTALの優先株式の評価額を控除する必要があります。
　　　 7　プロテクティブに計上されている繰延税金資産及び法定会計上の非認容資産等につき，調整を行う
　　　　ものであります。
　　　 8　TAL及びパートナーズ・ライフに計上されている無形固定資産（のれん及び保有契約価値）等につ
　　　　き，調整を行うものであります。
　　　 9　表中の金額（「純資産の部合計」から「上記項目に係る税効果」まで）は，対象事業（covered
　　　　business）の各社の金額の単純合計としております。

③　**保有契約価値**

　保有契約価値は，将来利益現価からオプションと保証の時間価値，必要資本
維持のための費用及びヘッジ不能リスクに係る費用を控除した金額であり，その
内訳は以下のとおりであります。市場整合的手法による確実性等価将来利益現価
の算出にあたり，資産運用に係るキャッシュ・フローは全ての資産の運用利回り

がリスク・フリー・レートに等しいものとして計算しております。2023年3月末の保有契約価値は，国内金利上昇により，2022年3月末と比べて増加いたしました。

（単位：億円）

	2022年3月末	2023年3月末	増減
保有契約価値	11,642	27,613	＋ 15,970
将来利益現価(注)1 (注)2	15,078	32,866	＋ 17,787
オプションと保証の時間価値	△ 1,075	△ 673	＋ 402
必要資本維持のための費用(注)3	△ 1,188	△ 3,033	△ 1,844
ヘッジ不能リスクに係る費用	△ 1,171	△ 1,547	△ 375

(注) 1 第一フロンティア生命における修正共同保険式再保険等に係る調整を行っております。
　　 2 市場整合的手法による確実性等価将来利益現価並びに市場調整評価手法，トップダウン手法及び伝統的手法による将来利益現価を含んでおります。
　　 3 市場整合的手法及び市場調整評価手法によるフリクショナル・コスト並びにトップダウン手法及び伝統的手法による資本コストを含んでおります。

④　対象事業以外の純資産等に係る調整

　当社及びその子会社・関連会社（対象事業（covered business）とした生命保険事業を行う子会社を除きます。）については，当社の純資産の部の金額に，必要な調整を行った上で，「対象事業以外の純資産等に係る調整」としてグループEEVに含めております。

（単位：億円）

	2022年3月末	2023年3月末	増減
対象事業以外の純資産等に係る調整	△ 491	△ 1,632	△ 1,140
当社(単体)の純資産の部合計	12,662	13,112	＋ 449
当社の保有する資産及び負債の含み損益等(注)1	1,001	1,205	＋ 203
グループ内の資本取引等に係る調整(注)2	△ 14,154	△ 15,803	△ 1,648
連結財務諸表上の修正後発事象(注)3	－	△ 145	△ 145

(注) 1 第一生命ホールディングスの保有する子会社・関連会社の株式又は出資金及び調達負債等について，時価評価を行った上で含み損益を計上しております。
　　 2 第一生命ホールディングスが保有する第一生命，第一フロンティア生命，ネオファースト生命，プロテクティブ，TAL及び第一生命ベトナム及びパートナーズ・ライフの株式または出資金の簿価の合計が含まれております。
　　 3 プロテクティブ及びDai-ichi Reの報告期間終了後，米銀破綻等を踏まえ，確認された損失額を連結財務諸表上の修正後発事象として計上しております。

⑤ 新契約価値

　新契約価値は，当期に獲得した新契約（保障見直し契約については正味増加分のみ）の契約獲得時点における価値（契約獲得に係る費用を控除した後の金額）を表したものであります。

（単位：億円）

	2022年3月期	2023年3月期	増減
新契約価値	1,266	879	△ 388
将来利益現価(注) 1	1,526	1,189	△ 338
オプションと保証の時間価値	△ 2	△ 14	△ 11
必要資本維持のための費用(注) 2	△ 185	△ 178	＋ 7
ヘッジ不能リスクに係る費用	△ 72	△ 118	△ 46

（注）1　市場整合的手法による確実性等価将来利益現価並びに市場調整評価手法，トップダウン手法及び伝統的手法による将来利益現価を含んでおります。
　　　2　市場整合的手法及び市場調整評価手法によるフリクショナル・コスト並びにトップダウン手法及び伝統的手法による資本コストを含んでおります。
　　　3　2022年3月期及び2023年3月期の第一生命グループの新契約価値には，2021年1月1日から2021年12月31日及び2022年1月1日から2022年12月31日までのプロテクティブ及び第一生命ベトナムの新契約価値を含めております。
　　　4　パートナーズ・ライフの完全子会社化は2022年11月30日に完了いたしました。2022年3月期の第一生命グループの新契約価値には，パートナーズ・ライフの新契約価値は含まれません。2023年3月期の第一生命グループの新契約価値には，2023年1月1日から2023年3月31日までのパートナーズ・ライフの新契約価値を含めております。

　なお，新契約マージン（新契約価値の収入保険料現価に対する比率）は以下のとおりであります。

（単位：億円）

	2022年3月期	2023年3月期	増減
新契約価値	1,266	879	△ 388
収入保険料現価 (注) 1 (注) 2	42,223	54,079	＋ 11,855
新契約マージン	3.00%	1.62%	△ 1.37 ポイント

（注）1　将来の収入保険料（プロテクティブについては法定会計ベース）を，新契約価値の計算に用いたリスク・フリー・レート又は割引率で割り引いております。
　　　2　当社グループ内の再保険取引に関する連結調整を行っております。

(point) 設備投資等の概要

　　セグメントごとの設備投資額を公開している。多くの企業にとって設備投資は競争力向上・維持のために必要不可欠だ。企業は売上の数％など一定の水準を設定して毎年設備への投資を行う。半導体などのテクノロジー関連企業は装置産業であり，技術発展のスピードが速いため，常に多額の設備投資を行う宿命にある。

(2) 第一生命のEEV ·····································

(単位：億円)

	2022年3月末	2023年3月末	増減
EEV（注）1	49,766	51,603	＋1,837
修正純資産	49,441	36,348	△13,093
純資産の部合計（注）2	6,315	5,837	△479
負債中の内部留保（注）3	8,798	8,941	＋142
一般貸倒引当金	2	15	＋12
有価証券等の含み損益	44,717	26,685	△18,032
貸付金の含み損益	917	84	△833
不動産の含み損益（注）4	5,202	5,819	＋616
負債の含み損益（注）5	20	436	＋416
退職給付の未積立債務（注）6	164	347	＋183
上記項目に係る税効果	△16,698	△11,818	＋4,880
保有契約価値	324	15,255	＋14,930
確実性等価将来利益現価	2,234	16,607	＋14,372
オプションと保証の時間価値	△967	△484	＋484
必要資本維持のための費用	△156	△194	△37
ヘッジ不能リスクに係る費用	△785	△674	＋111

	2022年3月期	2023年3月期	増減
新契約価値	686	141	△546
確実性等価将来利益現価	704	171	△533
オプションと保証の時間価値	2	△11	△14
必要資本維持のための費用	△4	△3	＋1
ヘッジ不能リスクに係る費用	△15	△15	0

（注）1　2022年3月末及び2023年3月末の第一生命のEEVには，第一生命の保有するTALの優先株式の評価額が含まれております。

2　評価・換算差額等合計を除いた額を計上しております。

3　価格変動準備金，危険準備金及び配当準備金中の未割当額の合計額を計上しております。

4　土地については，時価と再評価前帳簿価額の差額を計上しております。

5　劣後債務等の含み損益を計上しております。

6　未認識過去勤務費用及び未認識数理計算上の差異を計上しております。

なお，新契約マージンは以下のとおりであります。

(単位：億円)

	2022年3月期	2023年3月期	増減
新契約価値	686	141	△546
収入保険料現価（注）	16,361	14,377	△1,985
新契約マージン	4.20%	0.98%	△3.22 ポイント

（注）　将来の収入保険料を，新契約価値の計算に用いたリスク・フリー・レートで割り引いております。

ⓟⓞⓘⓝⓣ 主要な設備の状況

「設備投資等の概要」では各セグメントの1年間の設備投資金額のみの掲載だが，ここではより詳細に，現在セグメント別，または各子会社が保有している土地，建物，機械装置の金額が合計でどれくらいなのか知ることができる。

（1） グループEEVの変動要因 ·······································

（単位：億円）

	修正純資産	保有契約価値	対象事業(covered business)のEEV	対象事業以外の純資産等に係る調整	グループEEV
2022年3月末EEV	60,358	11,642	72,000	△ 491	71,509
①2022年3月末EEVの調整	△ 173	312	139	△ 905	△ 766
うち株主配当金支払	0	0	0	△ 854	△ 854
うち自己株式取得	0	0	0	△ 1,200	△ 1,200
うち子会社からの株主配当金支払	△ 2,871	0	△ 2,871	2,871	0
うち増資に伴う調整	840	0	840	△ 840	0
うちTLISのEV計算に伴う調整	849	△ 813	36	0	36
うちパートナーズ・ライフの買収に伴う調整	319	368	687	△ 883	△ 195
うち為替変動に伴う調整	691	756	1,447	0	1,447
2022年3月末EEV（調整後）	60,186	11,954	72,139	△ 1,396	70,743
②当期新契約価値	0	879	879	0	879
③プロテクティブによる買収に伴うEEVの変動	0	0	0	0	0
④期待収益（市場整合的手法）	369	3,182	3,551	0	3,551
うちリスク・フリー・レート分	18	236	255	0	255
うち超過収益分	350	2,946	3,296	0	3,296
⑤期待収益（トップダウン手法・伝統的手法）	175	635	811	0	811
⑥保有契約価値からの移管	△ 451	451	0	0	0
うち2022年3月末保有契約	2,422	△ 2,422	0	0	0
うち2023年3月期新契約	△ 2,873	2,873	0	0	0
⑦前提条件（非経済前提）と実績の差異	57	△ 1,410	△ 1,353	0	△ 1,353
⑧前提条件（非経済前提）の変更	△ 39	1,894	1,856	0	1,856
⑨前提条件（経済前提）と実績の差異	△ 12,816	9,371	△ 3,445	0	△ 3,445
⑩対象事業以外における事業活動及び経済変動に伴う増減	0	0	0	△ 118	△ 118
⑪その他の要因に基づく差異	△ 89	656	567	0	567
⑫2023年3月末EEVの調整	118	0	118	△ 118	0
うち増資に伴う調整	118	0	118	△ 118	0
2023年3月末EEV	47,509	27,613	75,122	△ 1,632	73,490

（注） パートナーズ・ライフのTEVの変動額については，2022年12月末から2023年3月末の当該変動額のうち為替変動に伴う調整，新契約価値を除いた変動額を前提条件（経済前提）と実績の差異に含めております。

① **2022年3月末EEVの調整**

2022年3月末EEVの調整は，以下の項目の合計であります。

（point） **設備の新設，除却等の計画**

ここでは今後，会社がどの程度の設備投資を計画しているか知ることができる。毎期どれくらいの設備投資を行っているか確認すると，技術等での競争力維持に積極的な姿勢かどうか，どのセグメントを重要視しているか分かる。また景気が悪化したときは設備投資額を減らす傾向にある。

a 2023年3月期において第一生命ホールディングスは株主配当金を支払っており，対象事業以外の純資産等に係る調整がその分減少いたします。

b 2023年3月期において第一生命ホールディングスは自己株式を取得しており，対象事業以外の純資産等に係る調整がその分減少いたします。

c 2023年3月期において生命保険事業を行う子会社は第一生命ホールディングスに株主配当金を支払っておりますが，グループ内の取引であるため，グループEEVへの影響はありません。

d 2023年3月期上半期において第一生命ホールディングスはTAL及びDai-ichi Reに増資を行っておりますが，グループ内の取引であるため，グループEEVへの影響はありません。

e 2022年8月1日にTALが買収したTLISにおいて，EV計算を開始したことに伴う調整を行っております。

f 2022年11月30日にパートナーズ・ライフを完全子会社化したことに伴う調整を行っております。2022年12月末のパートナーズ・ライフのTEVをグループEEVに反映するために，パートナーズ・ライフの2022年12月末TEVと取得対価との差額を計上しております。

g プロテクティブ，TALのEEV及び第一生命ベトナム，パートナーズ・ライフのTEVを円換算していることから，為替変動による調整を行っております。

② **当期新契約価値**

新契約価値は，2023年3月期に新契約を獲得したことによる契約獲得時点における価値を表したものであり，契約獲得に係る費用を控除した後の金額を反映しております。

③ **プロテクティブによる買収に伴うEEVの変動**

プロテクティブは，伝統的な生命保険事業，個人年金事業に加え，生命保険や年金の保険契約ブロックの買収事業にも取り組んでおります。

当該項目には，プロテクティブによる個人保険・年金既契約ブロック等の買収に伴うEEVの増加額を計上しております。

④ **期待収益（市場整合的手法）**

第一生命，第一フロンティア生命，ネオファースト生命，TAL及びプロテクティ

(point) **株式の総数等**

発行可能株式総数とは，会社が発行することができる株式の総数のことを指す。役員会では，株主総会の了承を得ないで，必要に応じてその株数まで，株を発行することができる。敵対的TOBでは，経営陣が，自社をサポートしてくれる側に，新株を第三者割り当てで発行して，買収を防止することがある。

ブの変額年金事業（変額年金事業の必要資本を含む）の期待収益を本項目に含めております。期待収益（市場整合的手法）は，以下の２項目の合計であります。

a　リスク・フリー・レート分

保有契約価値の計算にあたっては，将来の期待収益をリスク・フリー・レートで割り引いておりますので，時間の経過とともに割引の影響が解放されます。なお，これには，オプションと保証の時間価値，必要資本維持のための費用及びヘッジ不能リスクに係る費用のうち2023年３月期分の解放を含んでおります。修正純資産からは，対応する資産からリスク・フリー・レート分に相当する収益が発生いたします。なお，第一フロンティア生命では，リスク・フリー・レートに代えて，会社の保有資産のスプレッドを反映した割引率を用いております。

また，第一フロンティア生命では，変額個人年金保険に係る最低保証リスクの軽減を目的として，デリバティブ取引を利用しておりますが，本項目は，時間の経過により当該取引から期待される損益を含んでおります。

b　超過収益分

EEVの計算にあたっては，将来の期待収益としてリスク・フリー・レートを用いておりますが，実際の会社はリスク・フリー・レートを超過する利回りを期待いたします。

なお，本項目は，第一フロンティア生命の変額個人年金保険に係る最低保証リスクの軽減を目的とするデリバティブ取引につき，リスク・フリー・レートを超過する利回りにより当該取引から期待される損益を含んでおります。また，プロテクティブの変額年金事業に係るヘッジを目的とするデリバティブ取引から期待される損益を含んでおります。

⑤　期待収益（トップダウン手法）

プロテクティブの変額年金事業以外（フリー・サープラス及び変額年金事業以外の必要資本を含む）及び第一生命ベトナムの期待収益を本項目に含めております。

保有契約価値の計算にあたっては，将来の期待収益をリスク割引率で割り引いておりますので，時間の経過とともに割引の影響が解放されます。なお，これには，資本コストのうち，2023年３月期分の解放を含んでおります。修正純資産からは，

(point) 連結財務諸表等

ここでは主に財務諸表の作成方法についての説明が書かれている。企業は大蔵省が定めた規則に従って財務諸表を作るよう義務付けられている。また金融商品法に従い，作成した財務諸表がどの監査法人によって監査を受けているかも明記されている。

対応する資産から期待される運用利回りに基づく収益が発生いたします。

⑥　**保有契約価値からの移管**

2023年3月期に実現が期待されていた利益（法定会計上の予定利益）が，保有契約価値から修正純資産に移管されます。これには，2022年3月末の保有契約から期待される2023年3月期の利益と，2023年3月期に獲得した新契約からの，契約獲得に係る費用を含めた2023年3月期の損益が含まれております。これらは保有契約価値から修正純資産への振替えであり，EEVの金額には影響いたしません。

⑦　**前提条件（非経済前提）と実績の差異**

2022年3月末の保有契約価値の計算に用いた前提条件（非経済前提）と，2023年3月期の実績との差額であります。

⑧　**前提条件（非経済前提）の変更**

前提条件（非経済前提）を更新したことにより，2023年3月期以降の収支が変化することによる影響であります。

⑨　**前提条件（経済前提）と実績の差異**

市場金利やインプライド・ボラティリティ等の経済前提が，2022年3月末EEVの計算に用いたものと異なることによる影響であります。当該影響は，2023年3月期の実績及び2023年3月期以降の見積りの変更を含んでおります。なお，本項目には，プロテクティブ，第一生命ベトナムのリスク割引率を変更した影響（割引率の設定における資本と調達負債の加重の変更によるものを含む。）を含んでおります。

⑩　**対象事業以外の事業活動及び経済変動に伴う増減**

本項目には，第一生命ホールディングスの子会社・関連会社（生命保険事業を行う子会社を除く）の獲得利益及び第一生命ホールディングスの保有する資産・負債の含み損益額の変動を含んでおります。また，連結財務諸表上の修正後発事象を含んでおります。

⑪　**その他の要因に基づく差異**

上記の項目以外にEEVを変動させた要因による影響であります。なお，この項目にはモデルの変更の影響を含んでおります。

(point) **連結財務諸表**

ここでは貸借対照表（またはバランスシート，BS），損益計算書（PL），キャッシュフロー計算書の詳細を調べることができる。あまり会計に詳しくない場合は，最低限，損益計算書の売上と営業利益を見ておけばよい。可能ならば，その数字が過去5年，10年の間にどのように変化しているか調べると会社への理解が深まるだろう。

⑫ **2023年３月末EEVの調整**

2023年３月期下半期において第一生命ホールディングスは第一生命ベトナムに増資を行っておりますが，グループ内の取引であるため，EEVの金額には影響しません。

(2) 第一生命のEEVの変動要因 ···

（単位：億円）

	修正純資産	保有契約価値	EEV
2022年３月末EEV	49,441	324	49,766
2022年３月末EEVの調整	△ 1,998	0	△ 1,998
うち株主配当支払(注)	△ 1,998	0	△ 1,998
2022年３月末EEV（調整後）	47,443	324	47,768
当期新契約価値	0	141	141
期待収益(市場整合的手法)	445	2,791	3,236
うちリスク・フリー・レート分	△ 26	116	91
うち超過収益分	470	2,675	3,145
期待収益(トップダウン手法・伝統的手法)	0	0	0
保有契約価値からの移管	△ 617	617	0
うち2022年３月末保有契約	993	△ 993	0
うち当期新契約	△ 1,610	1,610	0
前提条件(非経済前提)と実績の差異	△ 460	176	△ 284
前提条件(非経済前提)の変更	0	2,914	2,914
前提条件(経済前提)と実績の差異	△ 10,463	8,292	△ 2,172
その他の要因に基づく差異	0	0	0
2023年３月末EEV	36,348	15,255	51,603

(注) 2023年３月期において株主配当金を支払っており，修正純資産がその分減少いたします。

4 感応度（センシティビティ） ···

(1) グループEEVの感応度 ···

前提条件を変更した場合のEEVの感応度は以下のとおりであります（増減額を記載しております。）。感応度は，一度に１つの前提のみを変化させることとしており，同時に２つの前提を変化させた場合の感応度は，それぞれの感応度の合計とはならないことにご注意ください。

なお，いずれの感応度においても，保険会社の経営行動の前提は基本シナリオと同様としております。

（単位：億円）

	修正純資産	保有契約価値	対象事業 (covered business) のEEV	対象事業 以外の 純資産等に 係る調整	グループ EEV
2023年3月末グループEEV	47,509	27,613	75,122	△ 1,632	73,490
感応度1： リスク・フリー・レート50bp上昇	△ 12,863	＋ 15,374	＋ 2,511	＋ 109	＋ 2,620
感応度2： リスク・フリー・レート50bp低下	＋ 14,329	△ 17,704	△ 3,376	△ 112	△ 3,488
感応度3： 株式・不動産価値10％下落	△ 4,350	△ 319	△ 4,670	△ 224	△ 4,893
感応度4： 事業費率(維持費)10％低下	＋ 20	＋ 2,762	＋ 2,783	0	＋ 2,783
感応度5： 解約失効率10％低下	＋ 46	＋ 2,235	＋ 2,281	0	＋ 2,281
感応度6： 保険事故発生率(死亡保険)5％低下	＋ 137	＋ 2,301	＋ 2,438	0	＋ 2,438
感応度7： 保険事故発生率(年金保険)5％低下	0	△ 279	△ 279	0	△ 279
感応度8： 必要資本を法定最低水準に変更	＋ 110	＋ 1,995	＋ 2,105	0	＋ 2,105
感応度9： 株式・不動産のインプライド・ボラティリティ25％上昇	＋ 23	△ 304	△ 281	0	△ 281
感応度10： 金利スワップションのインプライド・ボラティリティ25％上昇	0	△ 129	△ 129	0	△ 129

（注）　パートナーズ・ライフのTEVの感応度は，グループEEVの感応度に含めておりません。

（2）　第一生命のEEVの感応度 ···

（単位：億円）

	修正純資産	保有契約価値	EEV
2023年3月末EEV	36,348	15,255	51,603
感応度1： リスク・フリー・レート50bp上昇	△ 11,078	＋ 13,903	＋ 2,824
感応度2： リスク・フリー・レート50bp低下	＋ 12,430	△ 16,054	△ 3,624
感応度3： 株式・不動産価値10%下落	△ 4,450	0	△ 4,450
感応度4： 事業費率(維持費)10%低下	0	＋ 2,078	＋ 2,078
感応度5： 解約失効率10%低下	0	＋ 1,522	＋ 1,522
感応度6： 保険事故発生率(死亡保険)5%低下	0	＋ 1,059	＋ 1,059
感応度7： 保険事故発生率(年金保険)5%低下	0	△ 187	△ 187
感応度8： 必要資本を法定最低水準に変更	0	＋ 172	＋ 172
感応度9： 株式・不動産のインプライド・ボラティリティ25%上昇	0	△ 190	△ 190
感応度10： 金利スワップションのインプライド・ボラティリティ25%上昇	0	△ 96	△ 96

5　注意事項 ···

　当社グループのEV計算においては，当社グループの事業に関し，業界の実績，経営・経済環境あるいはその他の要素に関する多くの前提条件が求められ，それらの多くは個別会社の管理能力を超えた領域に属しております。

　使用しました前提条件は，EV報告の目的に照らし適切であると当社グループが考えるものでありますが，将来の経営環境は，EV計算に用いられた前提条件と大きく異なることもあり得ます。そのため，本EV開示は，EV計算に用いられた将来の税引後利益が達成されることを表明するものではありません。

6　その他の特記事項 ···

　当社では，保険数理に関する専門知識を有する第三者機関（アクチュアリー・ファーム）に，グループEEVについて検証を依頼し，意見書を受領しております。

（参考3）　第一生命保険株式会社の一般社団法人生命保険協会の定める決算発表様式に準ずる情報

　参考として，第一生命保険株式会社の単体情報のうち，一般社団法人生命保険協会の定める決算発表様式に準ずる情報を以下のとおり記載しております。

1.　主要業績 ···

(1)　保有契約高及び新契約高 ···

①　保有契約高

（単位：千件，億円，％）

区分	前事業年度末 （2022年3月31日）				当事業年度末 （2023年3月31日）			
	件数	前年度末比	金額	前年度末比	件数	前年度末比	金額	前年度末比
個人保険	21,642	106.8	776,419	92.8	22,270	102.9	732,067	94.3
個人年金保険	2,103	100.5	108,339	98.4	2,068	98.3	105,210	97.1
個人保険＋個人年金	23,746	106.2	884,759	93.5	24,339	102.5	837,278	94.6
団体保険	–	–	500,435	98.4	–	–	493,418	98.6
団体年金保険	–	–	61,699	95.7	–	–	60,669	98.3

（注）1　個人年金保険については，年金支払開始前契約の年金支払開始時における年金原資と年金支払開始後契約の責任準備金を合計したものであります。

　　　2　団体年金保険については，責任準備金の金額であります。

　　　3　2018年4月以降の複数の保険契約を組み合わせて加入している商品について，それぞれの保険契約を1件として記載しています。

②　新契約高

（単位：千件，億円，％）

区分	前事業年度 （自 2021年4月1日 　至 2022年3月31日）					当事業年度 （自 2022年4月1日 　至 2023年3月31日）				
	件数	金額	新契約	転換による純増加	前年度比	件数	金額	新契約	転換による純増加	前年度比
個人保険	3,842	△2,571	14,181	△16,752	–	2,620	10,503	13,720	△3,216	–
個人年金保険	84	2,803	2,847	△44	111.3	47	1,669	1,690	△21	59.6
個人保険＋個人年金	3,927	232	17,029	△16,797	6.1	2,668	12,172	15,410	△3,237	5,245.7
団体保険	–	2,041	2,041	–	107.0	–	1,711	1,711	–	83.8
団体年金保険	–	0	0	–	38.2	–	20	20	–	3,995.1

（注）1　件数は，新契約に転換後契約を加えた数値であります。

　　　2　新契約・転換による純増加の個人年金保険の金額は年金支払開始時における年金原資であります。

　　　3　新契約の団体年金保険の金額は第1回収入保険料であります。

　　　4　2018年4月以降の複数の保険契約を組み合わせて加入している商品について，それぞれの保険契約を1件として記載しています。

(2) 年換算保険料 ・・

① 保有契約

（単位：億円，％）

区分	前事業年度末 （2022年3月31日）	前年度末比	当事業年度末 （2023年3月31日）	前年度末比
個人保険	15,140	98.4	14,645	96.7
個人年金保険	5,386	100.0	5,332	99.0
合計	20,527	98.8	19,977	97.3
うち医療保障・ 生前給付保障等	7,088	101.7	7,019	99.0

② 新契約

（単位：億円，％）

区分	前事業年度 （自　2021年4月1日 　至　2022年3月31日）	前年度比	当事業年度 （自　2022年4月1日 　至　2023年3月31日）	前年度比
個人保険	638	123.1	395	62.0
個人年金保険	107	110.1	66	61.9
合計	745	121.0	462	62.0
うち医療保障・ 生前給付保障等	482	131.6	295	61.3

(注) 1 「年換算保険料」とは，1回当たりの保険料について保険料の支払方法に応じた係数を乗じ，1年当たりの保険料に換算した金額であります（一時払契約等は，保険料を保険期間で除した金額）。

2 「医療保障・生前給付保障等」には，医療保障給付（入院給付，手術給付等），生前給付保障給付（特定疾病給付，介護給付等），保険料払込免除給付（障害を事由とするものは除く。特定疾病罹患，介護等を事由とするものを含む。）等に該当する部分の年換算保険料を計上しております。

3 「新契約」には転換純増分も含んでおります。

(参考) 個人保険・個人年金保険の解約・失効年換算保険料

（単位：億円，％）

区分	前事業年度 （自　2021年4月1日 　至　2022年3月31日）	当事業年度 （自　2022年4月1日 　至　2023年3月31日）
解約・失効年換算保険料	660	668

(注) 1 失効後復活契約を失効と相殺せずに算出しております。

2 主契約が継続している「減額」を除いております。

2. 一般勘定資産の運用状況 ···

(1) 資産の構成 ···

（単位：億円，％）

区分	前事業年度末 （2022年3月31日）		当事業年度末 （2023年3月31日）	
	金額	占率	金額	占率
現預金・コールローン	9,063	2.4	11,059	3.3
買現先勘定	－	－	－	－
債券貸借取引支払保証金	－	－	－	－
買入金銭債権	2,398	0.6	2,245	0.7
商品有価証券	－	－	－	－
金銭の信託	121	0.0	67	0.0
有価証券	316,976	84.6	270,120	81.6
公社債	174,027	46.5	170,750	51.6
株式	32,927	8.8	32,079	9.7
外国証券	101,434	27.1	59,302	17.9
公社債	86,201	23.0	44,547	13.5
株式等	15,233	4.1	14,754	4.5
その他の証券	8,587	2.3	7,989	2.4
貸付金	25,691	6.9	27,154	8.2
保険約款貸付	2,695	0.7	2,506	0.8
一般貸付	22,996	6.1	24,647	7.4
不動産	11,206	3.0	11,967	3.6
うち投資用不動産	8,299	2.2	9,122	2.8
繰延税金資産	－	－	910	0.3
その他	9,228	2.5	7,546	2.3
貸倒引当金	△ 65	△ 0.0	△ 33	△ 0.0
合計	374,623	100.0	331,038	100.0
うち外貨建資産	95,209	25.4	49,377	14.9

（注）「不動産」については土地・建物・建設仮勘定を合計した金額を計上しております。

(2) 資産運用収益 ··

（単位：億円，％）

区分	前事業年度 （自　2021年4月1日 至　2022年3月31日）		当事業年度 （自　2022年4月1日 至　2023年3月31日）	
	金額	占率	金額	占率
利息及び配当金等収入	8,311	68.9	8,048	58.4
預貯金利息	13	0.1	23	0.2
有価証券利息・配当金	7,082	58.7	6,791	49.2
貸付金利息	388	3.2	417	3.0
不動産賃貸料	711	5.9	689	5.0
その他利息配当金	114	1.0	126	0.9
商品有価証券運用益	–	–	–	–
金銭の信託運用益	7	0.1	–	–
売買目的有価証券運用益	–	–	–	–
有価証券売却益	3,511	29.1	5,516	40.0
国債等債券売却益	725	6.0	1,724	12.5
株式等売却益	1,682	14.0	1,430	10.4
外国証券売却益	1,088	9.0	2,326	16.9
その他	13	0.1	35	0.3
有価証券償還益	202	1.7	187	1.4
金融派生商品収益	–	–	–	–
為替差益	–	–	–	–
貸倒引当金戻入額	–	–	–	–
投資損失引当金戻入額	–	–	–	–
その他運用収益	24	0.2	39	0.3
合計	12,056	100.0	13,792	100.0

(3) 資産運用費用 ···

（単位：億円，％）

区分	前事業年度 （自　2021年4月1日 至　2022年3月31日）		当事業年度 （自　2022年4月1日 至　2023年3月31日）	
	金額	占率	金額	占率
支払利息	103	2.9	97	1.6
商品有価証券運用損	－	－	－	－
金銭の信託運用損	－	－	0	0.0
売買目的有価証券運用損	－	－	－	－
有価証券売却損	2,215	61.3	4,333	69.6
国債等債券売却損	224	6.2	216	3.5
株式等売却損	365	10.1	184	3.0
外国証券売却損	1,622	44.8	3,933	63.2
その他	4	0.1	－	－
有価証券評価損	84	2.3	37	0.6
国債等債券評価損	－	－	－	－
株式等評価損	49	1.4	26	0.4
外国証券評価損	17	0.5	10	0.2
その他	18	0.5	0	0.0
有価証券償還損	35	1.0	56	0.9
金融派生商品費用	386	10.7	169	2.7
為替差損	104	2.9	821	13.2
貸倒引当金繰入額	43	1.2	4	0.1
投資損失引当金繰入額	2	0.1	4	0.1
貸付金償却	0	0.0	0	0.0
賃貸用不動産等減価償却費	134	3.7	136	2.2
その他運用費用	504	13.9	562	9.0
合計	3,616	100.0	6,224	100.0

（4）資産運用に係わる諸効率 ··

① 資産別運用利回り (単位：％)

区分	前事業年度 (自 2021年4月1日 至 2022年3月31日)	当事業年度 (自 2022年4月1日 至 2023年3月31日)
現預金・コールローン	0.05	△ 0.05
買現先勘定	－	△ 0.69
債券貸借取引支払保証金	－	－
買入金銭債権	0.88	2.38
商品有価証券	－	－
金銭の信託	7.93	△ 0.55
有価証券	2.67	2.62
うち公社債	2.01	2.42
うち株式	15.29	15.25
うち外国証券	2.02	0.95
公社債	1.03	△ 1.03
株式等	7.95	10.24
貸付金	1.36	1.44
うち一般貸付	1.00	1.13
不動産	4.08	2.86
一般勘定計	2.41	2.31
うち海外投融資	2.00	0.79

② 日々平均残高 (単位：億円)

前事業年度 (自 2021年4月1日 至 2022年3月31日)	当事業年度 (自 2022年4月1日 至 2023年3月31日)
7,718	7,287
－	0
－	－
2,500	2,325
－	－
100	71
290,916	266,085
166,665	171,875
14,056	12,975
101,445	73,621
86,900	60,713
14,545	12,908
25,766	26,210
22,959	23,606
7,909	8,955
350,809	328,138
109,102	81,385

(注) 1 「運用利回り」は，分母を帳簿価額ベースの「日々平均残高」，分子を「経常損益中の資産運用収益
－資産運用費用」として算出しております。
2 「海外投融資」には，円貨建資産を含んでおります。

③ 売買目的有価証券の評価損益 (単位：億円)

区分	前事業年度末 (2022年3月31日)		当事業年度末 (2023年3月31日)	
	貸借対照表計上額	当期の損益に 含まれた評価損益	貸借対照表計上額	当期の損益に 含まれた評価損益
売買目的有価証券	121	5	67	△7
商品有価証券	－	－	－	－
金銭の信託	121	5	67	△7

④ 有価証券の時価情報（売買目的有価証券以外の有価証券のうち時価のあるもの）

（単位：億円）

区分	帳簿価額	時価	差損益	うち差益	うち差損
前事業年度末（2022年3月31日）					
満期保有目的の債券	475	484	8	8	–
公社債	475	484	8	8	–
外国公社債	–	–	–	–	–
責任準備金対応債券	142,576	157,392	14,815	17,851	3,035
公社債	141,880	156,689	14,809	17,844	3,035
外国公社債	696	702	6	6	0
子会社・関連会社株式	3	6	2	2	–
その他有価証券	141,077	170,182	29,105	32,185	3,080
公社債	28,447	31,672	3,224	3,343	119
株式	12,880	32,499	19,619	19,969	349
外国証券	91,075	96,987	5,911	8,439	2,527
公社債	81,724	85,505	3,781	5,985	2,204
株式等	9,351	11,481	2,130	2,453	323
その他の証券	5,492	5,794	302	377	74
買入金銭債権	2,352	2,398	46	56	9
譲渡性預金	830	829	△ 0	0	0
合計	284,132	328,065	43,932	50,048	6,116
公社債	170,803	188,845	18,042	21,197	3,154
株式	12,880	32,499	19,619	19,969	349
外国証券	91,775	97,695	5,920	8,448	2,527
公社債	82,420	86,208	3,787	5,992	2,204
株式等	9,354	11,487	2,132	2,455	323
その他の証券	5,492	5,794	302	377	74
買入金銭債権	2,352	2,398	46	56	9
譲渡性預金	830	829	△ 0	0	0
当事業年度末（2023年3月31日）					
満期保有目的の債券	478	480	1	1	–
公社債	478	480	1	1	–
外国公社債	–	–	–	–	–
責任準備金対応債券	149,095	154,534	5,439	13,071	7,631
公社債	148,459	153,900	5,441	13,069	7,627
外国公社債	636	634	△1	2	4
子会社・関連会社株式					
その他有価証券	94,671	115,209	20,538	24,071	3,533
公社債	20,628	21,812	1,183	1,343	159
株式	12,133	31,607	19,474	19,648	174
外国証券	53,778	53,572	△206	2,823	3,029
公社債	45,011	43,911	△1,099	1,468	2,568
株式等	8,767	9,660	893	1,355	461
その他の証券	5,168	5,261	93	233	140
買入金銭債権	2,252	2,245	△6	22	29
譲渡性預金	710	709	△0		0
合計	244,245	270,224	25,979	37,145	11,165
公社債	169,566	176,193	6,626	14,414	7,787
株式	12,133	31,607	19,474	19,648	174
外国証券	54,414	54,206	△207	2,825	3,033
公社債	45,647	44,546	△1,101	1,470	2,572
株式等	8,767	9,660	893	1,355	461
その他の証券	5,168	5,261	93	233	140
買入金銭債権	2,252	2,245	△6	22	29
譲渡性預金	710	709	△0		0

（注）1　本表には，金融商品取引法上の有価証券として取り扱うことが適当と認められるもの等を含んでおります。

2　市場価格のない株式等および組合等は本表から除いております。

・市場価格のない株式等および組合等の帳簿価額は以下のとおりであります。

（単位：億円）

区分	前事業年度末 （2022年3月31日）	当事業年度末 （2023年3月31日）
子会社・関連会社株式	1,987	2,085
その他有価証券	4,526	5,606
国内株式	371	401
外国株式	90	90
その他	4,064	5,114
合計	6,514	7,691

（注）1　本表には，金融商品取引法上の有価証券として取り扱うことが適当と認められるもの等を含んでおります。

　　　2　市場価格のない株式等及び組合等のうち，外国証券の為替を評価した差損益は以下のとおりであります。（前事業年度末：321億円，当事業年度末：562億円）

⑤　金銭の信託の時価情報

（単位：億円）

区分	貸借対照表 計上額	時価	差損益	うち差益	うち差損
前事業年度末 （2022年3月31日）	121	121	9	21	11
当事業年度末 （2023年3月31日）	67	67	△2	14	17

（注）1　本表記載の時価相当額の算定は，金銭の信託の受託者が合理的に算定した価格によっております。

　　　2　差損益には金銭の信託内で設定しているデリバティブ取引に係る差損益も含んでおります。

3. 経常利益等の明細（基礎利益） ···

（単位：億円）

区分		前事業年度 （自　2021年4月1日 至　2022年3月31日）	当事業年度 （自　2022年4月1日 至　2023年3月31日）
基礎収益(注) 1		36,811	36,571
保険料等収入		22,761	22,968
資産運用収益		8,951	8,275
うち利息及び配当金等収入		8,311	8,048
その他経常収益		5,056	5,326
その他基礎収益(a)		41	－
基礎費用		32,735	34,000
保険金等支払金		24,127	24,513
責任準備金等繰入額		448	229
資産運用費用		777	1,333
事業費		4,102	3,954
その他経常費用		2,391	2,472
その他基礎費用(b)		887	1,496
基礎利益	A	4,076	2,571
キャピタル収益		4,406	6,964
金銭の信託運用益		7	－
売買目的有価証券運用益		－	－
有価証券売却益		3,511	5,516
金融派生商品収益		－	－
為替差益		－	－
その他キャピタル収益(c)		887	1,447
キャピタル費用		2,833	5,362
金銭の信託運用損		－	0
売買目的有価証券運用損		－	－
有価証券売却損		2,215	4,333
有価証券評価損		84	37
金融派生商品費用		386	169
為替差損		104	821
その他キャピタル費用(d)		41	－
キャピタル損益(注) 1	B	1,573	1,601
キャピタル損益含み基礎利益	A＋B	5,649	4,172
臨時収益		4,945	49
再保険収入		－	－
危険準備金戻入額		－	－
個別貸倒引当金戻入額		－	－
その他臨時収益(注) 2		4,945	49
臨時費用		6,805	687
再保険料		－	－
危険準備金繰入額		－	－
個別貸倒引当金繰入額		44	△8
特定海外債権引当勘定繰入額		－	－
貸付金償却		0	0
その他臨時費用(注) 3		6,761	695
臨時損益	C	△1,860	△637
経常利益	A＋B＋C	3,789	3,535

（注）1 当事業年度の開示から，為替に係るヘッジコスト，投資信託の解約損益及び有価証券償還損益のうち為替変動部分に関して，経常利益の内訳の開示方法を変更しております。前事業年度の数字についても，変更後の取扱いに基づき再計算した値を開示しており，この結果，変更前と比べて，前事業年度の基礎利益は887億円減少し，キャピタル損益が887億円増加しております。

2　その他臨時収益には，保険業法施行規則第71条第1項に規定する再保険を付した部分に相当する個人保険・個人年金の責任準備金の金額（前事業年度：4,945億円）及び払込満了後終身保険出再に係る再保険料の調整額（過年度出再分）（当事業年度：49億円）を記載しております。

3　その他臨時費用には，保険業法施行規則第71条第1項に規定する再保険を付したことによる個人保険・個人年金の再保険料（前事業年度：6,032億円），投資損失引当金繰入額（前事業年度：2億円，当事業年度：4億円），保険業法施行規則第69条第5項の規定により責任準備金を追加して積み立てた金額（前事業年度：725億円，当事業年度：690億円）を記載しております。

（参考）
その他基礎収益等の内訳

（単位：億円）

区分		前事業年度 （自　2021年4月1日 至　2022年3月31日）	当事業年度 （自　2022年4月1日 至　2023年3月31日）
その他基礎収益(a)		41	－
マーケット・ヴァリュー・アジャストメントに係る解約返戻金額の影響額		－	－
外貨建て保険契約に係る市場為替レート変動の影響額		41	－
為替に係るヘッジコスト		－	－
投資信託の解約損益		－	－
有価証券償還損益のうち為替変動部分		－	－
その他基礎費用(b)		887	1,496
マーケット・ヴァリュー・アジャストメントに係る解約返戻金額の影響額		0	0
外貨建て保険契約に係る市場為替レート変動の影響額		－	15
為替に係るヘッジコスト		260	837
投資信託の解約損益		460	463
有価証券償還損益のうち為替変動部分		166	131
払込満了後終身保険出再に係る再保険料の調整額（過年度出再分）		－	49
①基礎利益への影響額	(a)－(b)	△846	△1,496
その他キャピタル収益(c)		887	1,447
マーケット・ヴァリュー・アジャストメントに係る解約返戻金額の影響額		0	0
外貨建て保険契約に係る市場為替レート変動の影響額		－	15
為替に係るヘッジコスト		260	837
投資信託の解約損益		460	463
有価証券償還損益のうち為替変動部分		166	131
その他キャピタル費用(d)		41	－
マーケット・ヴァリュー・アジャストメントに係る解約返戻金額の影響額		－	－
外貨建て保険契約に係る市場為替レート変動の影響額		41	－
為替に係るヘッジコスト		－	－
投資信託の解約損益		－	－
有価証券償還損益のうち為替変動部分		－	－
②キャピタル損益への影響	(c)－(d)	846	1,447

4. 保険業法に基づく債権の状況

（単位：億円，％）

区分	前事業年度末 （2022年3月31日）	当事業年度末 （2023年3月31日）
破産更生債権及びこれらに準ずる債権	0	0
危険債権	72	25
三月以上延滞債権	—	—
貸付条件緩和債権	11	
小計　①	84	26
（対合計比）①／②	(0.12)	(0.05)
正常債権	73,178	51,824
合計　②	73,262	51,850

(注) 1　破産更生債権及びこれらに準ずる債権とは，破産手続開始，更生手続開始又は再生手続開始の申立て等の事由により経営破綻に陥っている債務者に対する債権及びこれらに準ずる債権であります。

　　2　危険債権とは，債務者が経営破綻の状態には至っていないが，財政状態及び経営成績が悪化し，契約に従った債権の元本の回収及び利息の受取りができない可能性の高い債権であります。（注1に掲げる債権を除く。）

　　3　三月以上延滞債権とは，元本又は利息の支払が約定支払日の翌日から三月以上遅延している貸付金であります。（注1及び2に掲げる債権を除く。）

　　4　貸付条件緩和債権とは，債務者の経営再建又は支援を図ることを目的として，金利の減免，利息の支払猶予，元本の返済猶予，債権放棄その他の債務者に有利となる取決めを行なった貸付金であります。（注1から3に掲げる債権を除く。）

　　5　正常債権とは，債務者の財政状態及び経営成績に特に問題がないものとして，注1から4までに掲げる債権以外のものに区分される債権であります。

5. ソルベンシー・マージン比率 ··

（単位：億円）

項目		前事業年度末 （2022年3月31日）	当事業年度末 （2023年3月31日）
ソルベンシー・マージン総額（A）		64,837	55,222
資本金等[*1]		4,302	3,464
価格変動準備金		2,504	2,634
危険準備金		5,998	5,998
一般貸倒引当金		2	15
（その他有価証券評価差額金（税効果控除前）・繰延ヘッジ損益（税効果控除前））×90%（マイナスの場合100%）		26,426	18,887
土地の含み損益×85%（マイナスの場合100%）		3,617	3,784
全期チルメル式責任準備金相当額超過額		20,792	21,469
負債性資本調達手段等		8,393	7,593
全期チルメル式責任準備金相当額超過額及び負債性資本調達手段等のうち、マージンに算入されない額		△7,690	△9,063
控除項目		△5	△16
その他		496	455
リスクの合計額 $\sqrt{(R_1+R_8)^2+(R_2+R_3+R_7)^2+R_4}$ （B）		14,291	12,761
保険リスク相当額	R_1	679	659
第三分野保険の保険リスク相当額	R_8	1,589	1,509
予定利率リスク相当額	R_2	1,657	1,562
最低保証リスク相当額	R_7 [*2]	29	28
資産運用リスク相当額	R_3	12,098	10,690
経営管理リスク相当額	R_4	321	289
ソルベンシー・マージン比率 $\dfrac{(A)}{(1/2)\times(B)}\times100$		907.3%	865.4%

＊1　社外流出予定額及び評価・換算差額等を除いております。

＊2　標準的方式を用いて算出しております。

（注）　上記は，保険業法施行規則第86条，第87条及び平成8年大蔵省告示第50号の規定に基づいて算出しております。

（参考）連結ソルベンシー・マージン比率

（単位：億円）

項目		前事業年度末 （2022年3月31日）	当事業年度末 （2023年3月31日）
ソルベンシー・マージン総額（A）		63,104	53,599
資本金等[*1]		4,313	3,460
価格変動準備金		2,504	2,634
危険準備金		5,998	5,998
異常危険準備金		−	−
一般貸倒引当金		2	15
（その他有価証券評価差額金（税効果控除前）・繰延ヘッジ損益（税効果控除前））×90%（マイナスの場合100%）		26,426	18,887
土地の含み損益×85%（マイナスの場合100%）		3,617	3,784
未認識数理計算上の差異及び未認識過去勤務費用の合計額		155	342
全期チルメル式責任準備金相当額超過額		20,792	21,469
負債性資本調達手段等		8,393	7,593
全期チルメル式責任準備金相当額超過額及び負債性資本調達手段等のうち、マージンに算入されない額		△7,690	△9,067
控除項目		△1,905	△1,974
その他		496	455
リスクの合計額 $\sqrt{\left(\sqrt{R_1^2+R_5^2}+R_8+R_9\right)^2+(R_2+R_3+R_7)^2}+R_4+R_6$ （B）		13,695	12,142
保険リスク相当額	R_1	679	659
一般保険リスク相当額	R_5	−	−
巨大災害リスク相当額	R_6	−	−
第三分野保険の保険リスク相当額	R_8	1,589	1,509
少額短期保険業者の保険リスク相当額	R_9	0	0
予定利率リスク相当額	R_2	1,657	1,562
最低保証リスク相当額	R_7 [*2]	29	28
資産運用リスク相当額	R_3	11,505	10,074
経営管理リスク相当額	R_4	309	276
ソルベンシー・マージン比率 $\dfrac{(A)}{(1／2)×(B)}×100$		921.5%	882.8%

＊1　社外流出予定額及びその他の包括利益累計額等を除いております。

＊2　標準的方式を用いて算出しております。

（注）　上記は，保険業法施行規則第86条の2，第88条及び平成23年金融庁告示第23号の規定に基づいて算出しております。

6. 特別勘定の状況 ··

（1） 特別勘定資産残高の状況 ···

（単位：億円）

区分	前事業年度末 （2022年3月31日） 金額	当事業年度末 （2023年3月31日） 金額
個人変額保険	628	595
個人変額年金保険	334	319
団体年金保険	16,686	15,811
特別勘定計	17,650	16,727

（2） 個人変額保険（特別勘定）の状況 ·······································

① 保有契約高

（単位：千件，億円）

区分	前事業年度末 （2022年3月31日） 件数	金額	当事業年度末 （2023年3月31日） 件数	金額
変額保険（有期型）	0	0	0	0
変額保険（終身型）	38	2,381	37	2,326
合計	38	2,381	37	2,327

（注）　保有契約高には定期保険特約部分を含んでおります。

② 年度末個人変額保険特別勘定資産の内訳

（単位：億円，％）

区分	前事業年度末 （2022年3月31日） 金額	構成比	当事業年度末 （2023年3月31日） 金額	構成比
現預金・コールローン	0	0.0	0	0.0
有価証券	600	95.5	561	94.3
公社債	172	27.4	164	27.6
株式	186	29.6	177	29.8
外国証券	242	38.5	219	36.9
公社債	62	10.0	55	9.4
株式等	179	28.5	164	27.5
その他の証券	－	－	－	－
貸付金	－	－	－	－
その他	28	4.5	33	5.7
貸倒引当金	－	－	－	－
合計	628	100.0	595	100.0

③　個人変額保険特別勘定の運用収支状況

(単位：億円)

区分	前事業年度 (自　2021年4月1日 至　2022年3月31日)	当事業年度 (自　2022年4月1日 至　2023年3月31日)
	金額	金額
利息配当金等収入	9	10
有価証券売却益	35	40
有価証券償還益	－	－
有価証券評価益	132	103
為替差益	0	1
金融派生商品収益	0	0
その他の収益	0	0
有価証券売却損	4	8
有価証券償還損	－	－
有価証券評価損	122	142
為替差損	1	2
金融派生商品費用	0	0
その他の費用	0	0
収支差額	50	2

④　個人変額保険特別勘定に関する有価証券等の時価情報

・売買目的有価証券の評価損益

(単位：億円)

区分	前事業年度末 (2022年3月31日)		当事業年度末 (2023年3月31日)	
	貸借対照表計上額	当期の損益に 含まれた評価損益	貸借対照表計上額	当期の損益に 含まれた評価損益
売買目的有価証券	600	9	561	△39

・金銭の信託の時価情報

　前事業年度末，当事業年度末ともに残高がないため，記載しておりません。

(3)　個人変額年金保険（特別勘定）の状況 ･････････････････････････････････････

①　保有契約高

(単位：千件，億円)

区分	前事業年度末 (2022年3月31日)		当事業年度末 (2023年3月31日)	
	件数	金額	件数	金額
個人変額年金保険	4	211	3	171

(注)　保有契約高には年金支払開始後契約を含んでおります。

②　年度末個人変額年金保険特別勘定資産の内訳

（単位：億円，％）

区分	前事業年度末 （2022年3月31日）		当事業年度末 （2023年3月31日）	
	金額	構成比	金額	構成比
現預金・コールローン	2	0.8	2	0.8
有価証券	316	94.4	297	93.1
公社債	90	26.9	89	28.1
株式	75	22.6	73	23.1
外国証券	42	12.7	42	13.2
公社債	17	5.2	16	5.2
株式等	24	7.5	25	8.1
その他の証券	107	32.2	91	28.6
貸付金	－	－	－	－
その他	15	4.7	19	6.1
貸倒引当金	－	－	－	－
合計	334	100.0	319	100.0

③　個人変額年金保険特別勘定の運用収支状況

（単位：億円）

区分	前事業年度 （自　2021年4月1日 　至　2022年3月31日） 金額	当事業年度 （自　2022年4月1日 　至　2023年3月31日） 金額
利息配当金等収入	14	12
有価証券売却益	8	8
有価証券償還益	－	－
有価証券評価益	81	68
為替差益	0	0
金融派生商品収益	0	0
その他の収益	0	0
有価証券売却損	1	2
有価証券償還損	0	－
有価証券評価損	91	85
為替差損	0	0
金融派生商品費用	0	0
その他の費用	0	0
収支差額	11	1

④　個人変額年金保険特別勘定に関する有価証券等の時価情報

・売買目的有価証券の評価損益

（単位：億円）

区分	前事業年度末 （2022年3月31日）		当事業年度末 （2023年3月31日）	
	貸借対照表計上額	当期の損益に 含まれた評価損益	貸借対照表計上額	当期の損益に 含まれた評価損益
売買目的有価証券	316	△10	297	△16

・金銭の信託の時価情報

前事業年度末，当事業年度末ともに残高がないため，記載しておりません。

7. 有価証券明細表（一般勘定） ··

（単位：億円，％）

区分	前事業年度末 （2022年3月31日）		当事業年度末 （2023年3月31日）	
	金額	占率	金額	占率
国債	154,696	48.8	152,547	56.5
地方債	1,060	0.3	1,176	0.4
社債	18,271	5.8	17,026	6.3
うち公社・公団債	3,868	1.2	4,143	1.5
株式	32,927	10.4	32,079	11.9
外国証券	101,434	32.0	59,302	22.0
公社債	86,201	27.2	44,547	16.5
株式等	15,233	4.8	14,754	5.5
その他の証券	8,587	2.7	7,989	3.0
合計	316,976	100.0	270,120	100.0

8. 貸付金残存期間別残高（一般勘定） ·······························

（単位：億円）

区分	1年以下	1年超 3年以下	3年超 5年以下	5年超 7年以下	7年超 10年以下	10年超 （期間の定めの ないものを含 む）	合計
前事業年度末（2022年3月31日）							
変動金利	197	490	294	296	202	3,416	4,898
固定金利	3,263	3,391	3,945	2,026	1,814	3,656	18,098
一般貸付計	3,461	3,881	4,240	2,323	2,017	7,073	22,996
当事業年度末（2023年3月31日）							
変動金利	106	782	495	727	434	3,541	6,087
固定金利	4,373	3,232	3,448	2,179	1,502	3,824	18,559
一般貸付計	4,479	4,014	3,944	2,906	1,937	7,365	24,647

9. 海外投融資明細表（一般勘定） ·····································

① 外貨建資産

（単位：億円，％）

区分	前事業年度末 （2022年3月31日）		当事業年度末 （2023年3月31日）	
	金額	占率	金額	占率
公社債	79,155	71.4	33,454	50.7
株式	12,472	11.2	11,693	17.7
現預金・その他	3,581	3.2	4,229	6.4
小計	95,209	85.8	49,377	74.8

---

point 財務諸表

    この項目では，連結ではなく単体の貸借対照表と，損益計算書の内訳を確認することができる。連結＝単体＋子会社なので，会社によっては単体の業績を調べて連結全体の業績予想のヒントにする場合があるが，あまりその必要性がある企業は多くない。

② 円貨額が確定した外貨建資産

(単位：億円，％)

区分	前事業年度末 （2022年3月31日）		当事業年度末 （2023年3月31日）	
	金額	占率	金額	占率
公社債	－	－	－	－
現預金・その他	2,497	2.3	278	0.4
小計	2,497	2.3	278	0.4

③ 円貨建資産

(単位：億円，％)

区分	前事業年度末 （2022年3月31日）		当事業年度末 （2023年3月31日）	
	金額	占率	金額	占率
非居住者貸付	324	0.3	359	0.5
公社債（円建外債）・その他	12,896	11.6	15,999	24.2
小計	13,221	11.9	16,358	24.8

④ 合計

(単位：億円，％)

区分	前事業年度末 （2022年3月31日）		当事業年度末 （2023年3月31日）	
	金額	占率	金額	占率
海外投融資	110,928	100.0	66,015	100.0

（注）　「円貨額が確定した外貨建資産」は，為替予約等が付されていることにより決済時の円貨額が確定し，当該円貨額を資産の貸借対照表価額としているものであります。

（参考4）　第一フロンティア生命保険株式会社の一般社団法人生命保険協会の定める決算発表様式に準ずる情報

　　参考として，第一フロンティア生命保険株式会社の単体情報のうち，一般社団法人生命保険協会の定める決算発表様式に準ずる情報を以下のとおり記載しております。

1. 主要業績

（1）　保有契約高及び新契約高 ···

① 保有契約高

(単位：千件，億円，％)

区分	前事業年度末 （2022年3月31日）				当事業年度末 （2023年3月31日）			
	件数	前年度末比	金額	前年度末比	件数	前年度末比	金額	前年度末比
個人保険	827	112.8	60,373	117.1	910	110.0	66,497	110.1
個人年金保険	731	88.3	37,970	91.1	771	105.5	39,621	104.3
団体保険	－	－	－	－	－	－	－	－
団体年金保険	－	－	－	－	－	－	－	－

（注）　個人年金保険については，年金支払開始前契約の年金支払開始時における年金原資と年金支払開始後契約の責任準備金を合計したものであります。

② 新契約高

（単位：千件，億円，％）

区分	前事業年度 （自 2021年4月1日 至 2022年3月31日）					当事業年度 （自 2022年4月1日 至 2023年3月31日）				
	件数	金額	新契約	転換による 純増加	前年度比	件数	金額	新契約	転換による 純増加	前年度比
個人保険	81	6,093	6,093	－	117.4	188	12,187	12,187	－	200.0
個人年金保険	101	4,500	4,500	－	206.2	249	13,028	13,028	－	289.5
団体保険	－	－	－	－	－	－	－	－	－	－
団体年金保険	－	－	－	－	－	－	－	－	－	－

（注） 新契約の個人年金保険の金額は年金支払開始時における年金原資であります。

(2) 年換算保険料 ···

① 保有契約

（単位：億円，％）

区分	前事業年度末 （2022年3月31日）	前年度末比	当事業年度末 （2023年3月31日）	前年度末比
個人保険	4,960	118.5	5,496	110.8
個人年金保険	4,023	90.9	4,148	103.1
合計	8,983	104.3	9,644	107.4
うち医療保障・ 生前給付保障等	30	193.8	53	176.1

② 新契約

（単位：億円，％）

区分	前事業年度 （自 2021年4月1日 至 2022年3月31日）	前年度比	当事業年度 （自 2022年4月1日 至 2023年3月31日）	前年度比
個人保険	602	113.8	948	157.6
個人年金保険	577	234.3	1,258	218.0
合計	1,179	152.1	2,207	187.2
うち医療保障・ 生前給付保障等	13	88.9	23	167.6

（注）1 「年換算保険料」とは，1回当たりの保険料について保険料の支払方法に応じた係数を乗じ，1年当たりの保険料に換算した金額であります（一時払契約等は，保険料を保険期間で除した金額）。

　　　2 「医療保障・生前給付保障等」には，医療保障給付（入院給付，手術給付等），生前給付保障給付（特定疾病給付，介護給付等），保険料払込免除給付（障害を事由とするものは除く。特定疾病罹患，介護等を事由とするものを含む。）等に該当する部分の年換算保険料を計上しております。

2. 一般勘定資産の運用状況 ·······································

（1） 資産の構成 ··

(単位：億円，％)

区分	前事業年度末 （2022年3月31日）		当事業年度末 （2023年3月31日）	
	金額	占率	金額	占率
現預金・コールローン	10,517	11.7	7,490	9.4
買現先勘定	–	–	–	–
債券貸借取引支払保証金	–	–	–	–
買入金銭債権	160	0.2	215	0.3
商品有価証券				
金銭の信託	10,747	11.9	9,045	11.3
有価証券	63,948	71.0	60,600	76.0
公社債	16,635	18.5	18,336	23.0
株式	–	–		–
外国証券	45,591	50.6	41,144	51.6
公社債	45,591	50.6	41,144	51.6
株式等	–	–	–	–
その他の証券	1,722	1.9	1,118	1.4
貸付金	–	–	–	–
不動産	7	0.0	7	0.0
繰延税金資産	426	0.5	526	0.7
その他	4,304	4.8	1,840	2.3
貸倒引当金	△0	△0.0	△0	△ 0.0
合計	90,113	100.0	79,725	100.0
うち外貨建資産	53,001	58.8	43,376	54.4

(注) 不動産については建物の金額を計上しております。

(2) 資産運用関係収益 ···

(単位：億円)

区分	前事業年度 （自 2021年4月1日 至 2022年3月31日）	当事業年度 （自 2022年4月1日 至 2023年3月31日）
利息及び配当金等収入	1,731	1,757
預貯金利息	0	13
有価証券利息・配当金	1,726	1,736
貸付金利息	−	−
不動産賃貸料	−	−
その他利息配当金	4	7
商品有価証券運用益	−	−
金銭の信託運用益	−	−
売買目的有価証券運用益	−	−
有価証券売却益	369	224
国債等債券売却益	33	175
株式等売却益	−	−
外国証券売却益	336	49
その他	−	−
有価証券償還益	10	4
金融派生商品収益	−	−
為替差益	4,657	3,089
貸倒引当金戻入額	−	−
その他運用収益	0	0
合計	6,768	5,075

(3) 資産運用関係費用 ···

（単位：億円）

区分	前事業年度 （自　2021年4月1日 至　2022年3月31日）	当事業年度 （自　2022年4月1日 至　2023年3月31日）
支払利息	0	0
商品有価証券運用損	−	−
金銭の信託運用損	23	22
売買目的有価証券運用損	−	−
有価証券売却損	128	1,276
国債等債券売却損	14	63
株式等売却損	−	−
外国証券売却損	113	1,212
その他	−	−
有価証券評価損	−	−
国債等債券評価損	−	−
株式等評価損	−	−
外国証券評価損	−	−
その他	−	−
有価証券償還損	0	3
金融派生商品費用	58	231
為替差損	−	−
貸倒引当金繰入額	0	0
貸付金償却	−	−
賃貸用不動産等減価償却費	−	−
その他運用費用	6	18
合計	216	1,552

(4) 資産運用に係わる諸効率 ···

① 資産別運用利回り

（単位：％）

区分	前事業年度 （自　2021年4月1日 至　2022年3月31日）	当事業年度 （自　2022年4月1日 至　2023年3月31日）
現預金・コールローン	1.11	0.86
買現先勘定	−	−
債券貸借取引支払保証金	−	−
買入金銭債権	1.26	1.00
商品有価証券	−	−
金銭の信託	△0.22	△0.24
有価証券	10.90	6.47
うち公社債	3.92	3.65
うち株式	−	−
うち外国証券	13.84	7.91
貸付金	−	−
不動産	−	−
一般勘定計	8.13	4.62
うち海外投融資	13.93	7.85

（注）1　利回り計算式の分母は帳簿価額ベースの日々平均残高，分子は経常損益中，資産運用収益−資産
　　　　運用費用として算出した利回りであります。

2　海外投融資とは，外貨建資産と円建資産の合計であります。

② 売買目的有価証券の評価損益

（単位：億円）

区分	前事業年度末 （2022年3月31日）		当事業年度末 （2023年3月31日）	
	貸借対照表計上額	当期の損益に 含まれた評価損益	貸借対照表計上額	当期の損益に 含まれた評価損益
売買目的有価証券	10,747	△23	9,045	△22

（注）　本表には，金銭の信託等の売買目的有価証券を含んでおります。

③ 有価証券の時価情報（売買目的有価証券以外の有価証券のうち時価のあるもの）

（単位：億円）

区分	前事業年度末（2022年3月31日）					当事業年度末（2023年3月31日）				
	帳簿価額	時価	差損益	うち差益	うち差損	帳簿価額	時価	差損益	うち差益	うち差損
満期保有目的の債券	–	–	–	–	–	–	–	–	–	–
責任準備金対応債券	35,932	36,108	175	884	708	43,556	41,377	△2,178	291	2,470
子会社・関連会社株式	–	–	–	–	–	–	–	–	–	–
その他有価証券	28,297	28,176	△121	355	476	17,864	17,258	△605	42	647
公社債	4,723	4,758	35	72	36	4,290	4,229	△60	6	67
株式	–	–	–	–	–	–	–	–	–	–
外国証券	21,711	21,535	△176	262	438	12,215	11,694	△520	35	555
公社債	21,711	21,535	△176	262	438	12,215	11,694	△520	35	555
株式等	–	–	–	–	–	–	–	–	–	–
その他の証券	1,701	1,722	20	20	–	1,138	1,118	△19	0	19
買入金銭債権	161	160	△1	–	1	220	215	△4	–	4
譲渡性預金	–	–	–	–	–	–	–	–	–	–
その他	–	–	–	–	–	–	–	–	–	–
合計	64,230	64,284	54	1,239	1,185	61,421	58,636	△2,784	333	3,118
公社債	16,600	17,029	429	547	118	18,397	18,216	△181	211	392
株式	–	–	–	–	–	–	–	–	–	–
外国証券	45,767	45,373	△394	671	1,066	41,665	39,086	△2,579	121	2,700
公社債	45,767	45,373	△394	671	1,066	41,665	39,086	△2,579	121	2,700
株式等	–	–	–	–	–	–	–	–	–	–
その他の証券	1,701	1,722	20	20	–	1,138	1,118	△19	0	19
買入金銭債権	161	160	△1	–	1	220	215	△4	–	4
譲渡性預金	–	–	–	–	–	–	–	–	–	–
その他	–	–	–	–	–	–	–	–	–	–

（注）　本表には，金融商品取引法上の有価証券として取り扱うことが適当と認められるもの等を含んでおります。

・市場価格のない株式等および組合等の帳簿価額

該当事項はありません。

(point) **財務諸表**

　この項目では，連結ではなく単体の貸借対照表と，損益計算書の内訳を確認することができる。連結＝単体＋子会社なので，会社によっては単体の業績を調べて連結全体の業績予想のヒントにする場合があるが，あまりその必要性がある企業は多くない。

④ 金銭の信託の時価情報

（単位：億円）

区分	前事業年度末 （2022年3月31日）					当事業年度末 （2023年3月31日）				
	貸借対照 表計上額	時価	差損益	うち差益	うち差損	貸借対照 表計上額	時価	差損益	うち差益	うち差損
金銭の信託	10,747	10,747	△23	24	47	9,045	9,045	△22	18	41

（注）1　本表記載の時価相当額の算定は，金銭の信託の受託者が合理的に算出した価格によっております。

　　　2　差損益には当期の損益に含まれた評価損益を記載しております。

3. 経常利益等の明細（基礎利益） ···

（単位：億円）

区分		前事業年度 （自　2021年4月1日 　至　2022年3月31日）	当事業年度 （自　2022年4月1日 　至　2023年3月31日）
基礎収益		22,708	39,644
保険料等収入		15,030	26,126
資産運用収益		2,088	1,761
うち利息及び配当金等収入		1,731	1,757
その他経常収益		0	8,595
その他基礎収益(a)		5,588	3,161
基礎費用		22,269	39,876
保険金等支払金		16,953	36,795
責任準備金等繰入額		3,076	－
資産運用費用		6	407
事業費		518	889
その他経常費用		120	180
その他基礎費用(b)		1,592	1,603
基礎利益	A	439	△232
キャピタル収益		6,619	4,384
有価証券売却益		369	224
為替差益		4,657	3,089
その他キャピタル収益(c)		1,592	1,070
キャピタル費用		5,510	4,671
金銭の信託運用損		23	22
有価証券売却損		128	1,276
金融派生商品費用		58	231
その他キャピタル費用(d)		5,300	3,141
キャピタル損益	B	1,109	△287
キャピタル損益含み基礎利益	A＋B	1,548	△519
臨時収益		0	679
危険準備金戻入額			146
個別貸倒引当金戻入額		0	－
その他臨時収益(e)			532
臨時費用		317	19
危険準備金繰入額		28	－
個別貸倒引当金繰入額			0
その他臨時費用(f)		288	19
臨時損益	C	△317	659
経常利益	A＋B＋C	1,231	139

（注）　当事業年度の開示から，為替に係るヘッジコスト及び投資信託の解約損益に関して，経常利益の内訳
の開示方法を変更しております。前事業年度の数字についても，変更後の取扱いに基づき再計算した

値を開示しており，この結果，変更前と比べて，前事業年度の基礎利益は0億円減少し，キャピタル損益が0億円増加しております。

（参考）

その他基礎収益等の内訳

（単位：億円）

区分	前事業年度 （自 2021年4月1日 至 2022年3月31日）	当事業年度 （自 2022年4月1日 至 2023年3月31日）
その他基礎収益(a)	5,588	3,161
投資信託の解約損益	－	11
外貨建て保険契約に係る市場為替レート変動の影響額	5,153	2,958
外貨建保険商品対応のための通貨スワップ及び金利スワップ取引に係る受取・支払利息の額	146	172
既契約再保険解約に係る再保険料の額	288	19
その他基礎費用(b)	1,592	1,603
為替に係るヘッジコスト	0	16
投資信託の解約損益	0	0
既契約の出再に伴う損益	－	532
マーケット・ヴァリュー・アジャストメントに係る解約返戻金額変動の影響額	1,477	1,046
再保険取引に係る金銭の信託等にて留保する資産より生じる影響額	114	7
①基礎利益への影響額　　　　　　　　(a)－(b)	3,996	1,558
その他キャピタル収益(c)	1,592	1,070
為替に係るヘッジコスト	0	16
投資信託の解約損益	0	0
マーケット・ヴァリュー・アジャストメントに係る解約返戻金額変動の影響額	1,477	1,046
再保険取引に係る金銭の信託等にて留保する資産より生じる影響額	114	7
その他キャピタル費用(d)	5,300	3,141
投資信託の解約損益	－	11
外貨建て保険契約に係る市場為替レート変動の影響額	5,153	2,958
外貨建保険商品対応のための通貨スワップ及び金利スワップ取引に係る受取・支払利息の額	146	172
②キャピタル損益への影響額　　　　　(c)－(d)	114	△2,071
その他臨時収益(e)	－	532
既契約の出再に伴う損益	－	532
その他臨時費用(f)	288	19
既契約再保険解約に係る再保険料の額	288	19
③臨時損益への影響額(e)－(f)	△288	513

4. 保険業法に基づく債権の状況 ···

（単位：億円，％）

区分	前事業年度末 （2022年3月31日）	当事業年度末 （2023年3月31日）
破産更生債権及びこれらに準ずる債権	−	−
危険債権	−	−
三月以上延滞債権	−	−
貸付条件緩和債権	−	−
小計 （対合計比）	− （−）	− （−）
正常債権	5,292	5,082
合計	5,292	5,082

（注）1　破産更生債権及びこれらに準ずる債権とは，破産手続開始，更生手続開始又は再生手続開始の申立て等の事由により経営破綻に陥っている債務者に対する債権及びこれらに準ずる債権であります。

2　危険債権とは，債務者が経営破綻の状態には至っていないが，財政状態及び経営成績が悪化し，契約に従った債権の元本の回収及び利息の受取りができない可能性の高い債権であります（注1に掲げる債権を除く。）。

3　三月以上延滞債権とは，元本又は利息の支払が約定支払日の翌日から三月以上遅延している貸付金であります。（注1及び2に掲げる債権を除く。）

4　貸付条件緩和債権とは，債務者の経営再建又は支援を図ることを目的として，金利の減免，利息の支払猶予，元本の返済猶予，債権放棄その他の債務者に有利となる取決めを行った貸付金であります。（注1から3に掲げる債権を除く。）

5　正常債権とは，債務者の財政状態及び経営成績に特に問題がないものとして，注1から4までに掲げる債権以外のものに区分される債権であります。

5. リスク管理債権の状況 ···

該当事項はありません。

6. ソルベンシー・マージン比率 ···

（単位：億円）

項目	前事業年度末 （2022年3月31日）	当事業年度末 （2023年3月31日）
ソルベンシー・マージン総額（A）	5,089	4,655
資本金等	2,350	2,415
価格変動準備金	368	420
危険準備金	1,141	994
一般貸倒引当金	0	0
（その他有価証券評価差額金（税効果控除前）・繰延ヘッジ損益（税効果控除前））×90%（マイナスの場合100%）	△121	△605
土地の含み損益×85%（マイナスの場合100%）	－	－
全期チルメル式責任準備金相当額超過額	1,186	1,240
負債性資本調達手段等	－	－
全期チルメル式責任準備金相当額超過額及び負債性資本調達手段等のうち、マージンに算入されない額	－	－
控除項目	－	－
その他	163	188
リスクの合計額 $\sqrt{(R_1+R_8)^2+(R_2+R_3+R_7)^2+R_4}$ （B）	1,969	2,113
保険リスク相当額　　　　　　R_1	2	2
第三分野保険の保険リスク相当額　R_8	－	0
予定利率リスク相当額　　　　R_2	441	512
最低保証リスク相当額　　　　R_7	28	18
資産運用リスク相当額　　　　R_3	1,461	1,540
経営管理リスク相当額　　　　R_4	38	41
ソルベンシー・マージン比率 $\dfrac{(A)}{(1/2)\times(B)}\times100$	516.8%	440.5%

（注）1　上記は，保険業法施行規則第86条，第87条及び平成8年大蔵省告示第50号の規定に基づいて算出しております。

　　　2　資本金等は，社外流出予定額及び評価・換算差額等を除いています。

　　　3　最低保証リスク相当額は，標準的方式を用いて算出しております。

7. 特別勘定の状況 ··

（1）　特別勘定資産残高の状況 ···

（単位：億円）

区分	前事業年度末 （2022年3月31日） 金額	当事業年度末 （2023年3月31日） 金額
個人変額保険	299	140
個人変額年金保険	8,958	6,517
団体年金保険	－	－
特別勘定計	9,257	6,658

(2) 個人変額保険（特別勘定）の状況 ···

① 保有契約高

（単位：千件，億円）

区分	前事業年度末 （2022年3月31日）		当事業年度末 （2023年3月31日）	
	件数	金額	件数	金額
変額保険（有期型）	－	－	－	－
変額保険（終身型）	37	3,396	32	2,856
合計	37	3,396	32	2,856

(注) 個人変額保険の保有契約高には，一般勘定で運用されるものを含んでおります。

② 年度末個人変額保険特別勘定資産の内訳

（単位：億円，％）

区分	前事業年度末 （2022年3月31日）		当事業年度末 （2023年3月31日）	
	金額	構成比	金額	構成比
現預金・コールローン	1	0.5	0	0.3
有価証券	297	99.3	140	99.6
公社債	－	－	－	－
株式	－	－	－	－
外国証券	－	－	－	－
公社債	－	－	－	－
株式等	－	－	－	－
その他の証券	297	99.3	140	99.6
貸付金	－	－	－	－
その他	0	0.2	0	0.0
貸倒引当金	－	－	－	－
合計	299	100.0	140	100.0

③ 個人変額保険特別勘定の運用収支状況

（単位：億円）

区分	前事業年度 （自 2021年4月1日 至 2022年3月31日）	当事業年度 （自 2022年4月1日 至 2023年3月31日）
	金額	金額
利息配当金等収入	73	61
有価証券売却益	－	
有価証券償還益	－	
有価証券評価益	－	
為替差益	－	
金融派生商品収益	－	
その他の収益	－	
有価証券売却損	－	
有価証券償還損	－	
有価証券評価損	10	98
為替差損	－	
金融派生商品費用	－	
その他の費用	0	0
収支差額	62	△37

(3) 個人変額年金保険（特別勘定）の状況 ·······················

① 保有契約高

（単位：千件，億円）

区分	前事業年度末 （2022年3月31日）		当事業年度末 （2023年3月31日）	
	件数	金額	件数	金額
個人変額年金保険	418	23,494	297	15,707

（注）1　個人変額年金保険については，年金支払開始前契約の年金支払開始時における年金原資と年金支払開始後契約の責任準備金を合計したものであります。

2　個人変額年金保険の保有契約高には，一般勘定で運用されるものを含んでおります。

② 年度末個人変額年金保険特別勘定資産の内訳

（単位：億円，％）

区分	前事業年度末 （2022年3月31日）		当事業年度末 （2023年3月31日）	
	金額	構成比	金額	構成比
現預金・コールローン	2	0.0	94	1.5
有価証券	8,868	99.0	6,402	98.2
公社債	–	–	–	–
株式	–	–	–	–
外国証券	111	1.2	103	1.6
公社債	–	–	–	–
株式等	111	1.2	103	1.6
その他の証券	8,756	97.8	6,299	96.7
貸付金	–	–	–	–
その他	87	1.0	19	0.3
貸倒引当金	–	–	–	–
合計	8,958	100.0	6,517	100.0

③ 個人変額年金保険特別勘定の運用収支状況

（単位：億円）

区分	前事業年度 （自　2021年4月1日 至　2022年3月31日）	当事業年度 （自　2022年4月1日 至　2023年3月31日）
	金額	金額
利息配当金等収入	399	477
有価証券売却益	–	–
有価証券償還益	–	–
有価証券評価益	–	–
為替差益	–	–
金融派生商品収益	–	–
その他の収益	–	–
有価証券売却損	–	–
有価証券償還損	–	–
有価証券評価損	112	796
為替差損	–	–
金融派生商品費用	–	–
その他の費用	3	28
収支差額	283	△347

■ 設備の状況

1 設備投資等の概要

　当連結会計年度の設備投資は，主として国内保険事業において，投資用不動産の新設・建替，営業用不動産の新設・建替，システム開発・保守等を行いました。

　当連結会計年度の設備投資の総額は2,122億円であり，セグメントごとの設備投資について示すと，次のとおりであります。

セグメントの名称	設備投資の金額 （億円）
国内保険事業	2,073
海外保険事業	48
その他事業	1
合計	2,122

　なお，当連結会計年度において，重要な設備の除却，売却等はありません。

2 主要な設備の状況

（1） 提出会社 ……………………………………………………………………

　該当事項はありません。

(2) 国内子会社 ··

会社名	主な事業所名(注)2 (所在地)	セグメントの名称	設備の内容(注)3	帳簿価額(億円)(注)4				従業員数(名) 上段:内勤職 下段:営業職
				建物及び構築物(注)5	土地(面積千㎡)[借地面積千㎡](注)6	その他(注)7	合計	
第一生命保険株式会社	本社 (東京都千代田区)	国内保険事業	投資用	150	885 (4)	0	1,036	1,404 71
			営業用	198	704 (3)	71	974	
	北海道 札幌総合支社 (北海道札幌市中央区) 他27物件	国内保険事業	投資用	31	60 (9) [0]	38	130	318 1,947
			営業用	19	19 (12) [0]	7	46	
	東北 仙台総合支社 (宮城県仙台市青葉区) 他34物件	国内保険事業	投資用	68	161 (14)	–	230	378 2,739
			営業用	19	32 (14)	–	52	
	関東 新宿総合支社 (東京都新宿区) 他268物件	国内保険事業	投資用	1,403	4,659 (392) [22]	17	6,080	4,462 13,182
			営業用	367	956 (156) [1]	0	1,323	
	中部 新潟支社 (新潟県新潟市中央区) 他100物件	国内保険事業	投資用	212	320 (37) [5]	–	532	1,286 7,701
			営業用	76	98 (39) [0]	–	175	
	近畿 姫路支社 (兵庫県姫路市白銀町) 他82物件	国内保険事業	投資用	208	458 (21) [6]	–	666	1,277 4,864
			営業用	50	106 (26) [0]	–	156	
	中国 広島総合支社 (広島県広島市南区) 他30物件	国内保険事業	投資用	34	49 (7)	–	83	336 2,134
			営業用	14	24 (12)	–	38	
	四国 東四国支社 (香川県高松市寿町) 他9物件	国内保険事業	投資用	15	20 (2)	–	36	179 1,091
			営業用	9	15 (3)	–	25	
	九州 長崎支社 (長崎県長崎市西坂町) 他78物件	国内保険事業	投資用	178	147 (21) [9]	–	326	868 4,875
			営業用	51	71 (31)	–	122	

(注) 1　現在休止中の主要な設備はありません。

　　　2　主な事業所名には地域毎の営業拠点名を記載しております。

　　　3　営業用と同一の不動産において賃貸している部分を投資用として記載しております。

　　　4　帳簿価額の営業用と投資用の区分については，賃貸している建物の床面積と営業用の建物の床面積との比率により按分しております。

5 賃借している建物への内部造作は少額であるため，一括して本社に計上しております。

6 賃借している土地の面積については，[　]で外書きしております。なお，当社は不動産に係る賃借料として，113億円（うち土地16億円，建物97億円）を支払っております。

7 帳簿価額のうち「その他」は，リース資産34億円，建設仮勘定63億円，その他の有形固定資産36億円であります。なお，その他の有形固定資産の主なものは什器等であり，各事業所で使用する什器等は少額であるため，一括して本社に計上しております。

(3)　在外子会社 ··

2023年3月31日現在

会社名	所在国(所在地)	セグメントの名称	設備の内容(注)2	帳簿価額（注）3				通貨単位	従業員数(名)
				建物及び構築物	土地(面積千㎡)	その他	合計		
Protective Life Corporation (注) 4	米国バーミングハム	海外保険事業	投資用	6	3(67)	－	9	百万米ドル	3,725
			営業用	130	24(109)	57	212		

（注）1　金額等については各社の連結子会社に関する数値を含んでおります。

2　営業用と同一の不動産において賃貸している部分を投資用として記載しております。

3　帳簿価額の営業用と投資用の区分については，賃貸している建物の床面積と営業用の建物の床面積との比率により按分しております。

4　Protective Life Corporationにおける事業年度末である2022年12月末時点の記載であります。

3　設備の新設，除却等の計画】

(1)　重要な設備の新設等の計画 ···

前連結会計年度末において計画中であった重要な設備の新設等の計画のうち，当連結会計年度において変更した計画は以下のとおりであります。

2023年3月31日現在

会社名	事業所名(所在地)	セグメントの名称	設備の内容	資金調達方法	着手年月	完了予定年月
第一生命保険株式会社	内幸町一丁目街区 南地区第一種市街地再開発事業(東京都千代田区)	国内保険事業	オフィス	自己資金	2022年9月	2037年度以降

（注）　投資予定額については，契約相手方との取決めにより開示を控えさせていただきます。

また，当連結会計年度において，新たに確定した重要な設備の新設等の計画はありません。

（2）　重要な設備の除却等の計画 ···

　　該当事項はありません。

提出会社の状況

1　株式等の状況

（1）　株式の総数等 ··

①　株式の総数

種類	発行可能株式総数（株）
普通株式	4,000,000,000
甲種類株式	100,000,000
計	4,000,000,000

（注）　当社の発行可能株式総数は，普通株式と甲種類株式をあわせて4,000,000,000株であります。

②　発行済株式

種類	事業年度末現在 発行数（株） （2023年3月31日）	提出日現在 発行数（株） （2023年6月27日）	上場金融商品取引所名又は登録認可金融商品取引業協会名	内容
普通株式	989,888,900	989,888,900	東京証券取引所 プライム市場	完全議決権株式であり、権利内容に何ら限定のない、当社にとって標準となる株式 （1単元の株式数　100株）
計	989,888,900	989,888,900	—	—

■ 経理の状況

1 連結財務諸表及び財務諸表の作成方法について ·································

(1) 当社の連結財務諸表は，「連結財務諸表の用語，様式及び作成方法に関す
る規則」（昭和51年大蔵省令第28号）第46条及び第68条に基づき，同規則
及び「保険業法施行規則」（平成8年大蔵省令第5号）により作成しております。

(2) 当社の財務諸表は，「財務諸表等の用語，様式及び作成方法に関する規則」
（昭和38年大蔵省令第59号）に基づいて作成しております。

また，当社は，特例財務諸表提出会社に該当し，財務諸表等規則第127条
の規定に準拠して財務諸表を作成しております。

2 監査証明について ···

当社は，金融商品取引法第193条の2第1項の規定に基づき，連結会計年度
（2022年4月1日から2023年3月31日まで）の連結財務諸表及び事業年度（2022
年4月1日から2023年3月31日まで）の財務諸表について，有限責任 あずさ監
査法人により監査を受けております。

3 連結財務諸表等の適正性を確保するための特段の取組みについて ············

当社は，連結財務諸表等の適正性を確保するための特段の取組みを行っており
ます。具体的には，次のとおりであります。

(1) 会計基準等の内容の適切な把握又は会計基準等の変更等について的確に対
応することができる体制の整備として，公益財団法人財務会計基準機構への加
入及び会計基準設定主体等の行う研修等へ参加しております。

(2) 社内の規程手続及び内部統制を構築し，適正な財務報告を行う体制を整備
しております。

1 連結財務諸表等

(1) 連結財務諸表 ···

① 連結貸借対照表

(単位：百万円)

	前連結会計年度 (2022年3月31日)	当連結会計年度 (2023年3月31日)
資産の部		
現金及び預貯金	※1　2,183,874	※1　1,619,087
コールローン	479,900	966,900
買入金銭債権	255,902	246,105
金銭の信託	1,106,918	911,246
有価証券	※1,※2,※3,※4,※13　51,504,749	※1,※2,※3,※4,※13　46,711,704
貸付金	※5,※6　3,978,577	※5,※6　4,349,867
有形固定資産	※7　1,159,741	※7　1,239,953
土地	※10　808,368	※10　883,225
建物	332,376	330,802
リース資産	4,499	3,580
建設仮勘定	551	6,352
その他の有形固定資産	13,944	15,992
無形固定資産	502,795	761,682
ソフトウエア	124,331	129,394
のれん	56,245	119,545
その他の無形固定資産	322,218	512,742
再保険貸	1,924,898	1,659,438
その他資産	2,748,965	2,834,798
繰延税金資産	9,378	247,891
支払承諾見返	45,745	48,987
貸倒引当金	△19,505	△17,863
投資損失引当金	△779	△927
資産の部合計	65,881,161	61,578,872

	前連結会計年度 （2022年3月31日）	当連結会計年度 （2023年3月31日）
負債の部		
保険契約準備金	52,745,988	53,946,359
支払備金	925,110	1,016,857
責任準備金	51,407,655	52,506,098
契約者配当準備金	※9 413,222	※9 423,403
再保険借	895,123	597,703
短期社債	—	43,062
社債	※11 870,383	※11 906,612
その他負債	5,906,787	2,373,148
売現先勘定	※1 3,115,017	※1 432,210
その他の負債	※1,※12 2,791,770	※1,※12 1,940,937
退職給付に係る負債	392,522	367,808
役員退職慰労引当金	929	794
時効保険金等払戻引当金	800	800
特別法上の準備金	287,358	305,588
価格変動準備金	287,358	305,588
繰延税金負債	256,364	44,694
再評価に係る繰延税金負債	※10 70,652	※10 70,197
支払承諾	45,745	48,987
負債の部合計	61,472,654	58,705,757
純資産の部		
資本金	343,926	344,074
資本剰余金	330,259	330,407
利益剰余金	1,334,834	1,309,963
自己株式	△12,718	△13,918
株主資本合計	1,996,301	1,970,526
その他有価証券評価差額金	2,397,969	742,700
繰延ヘッジ損益	△15,532	△38,260
土地再評価差額金	※10 16,643	※10 30,369
為替換算調整勘定	4,232	144,515
退職給付に係る調整累計額	8,197	22,778
その他の包括利益累計額合計	2,411,510	902,102
新株予約権	694	483
非支配株主持分	—	1
純資産の部合計	4,408,507	2,873,114
負債及び純資産の部合計	65,881,161	61,578,872

② 連結損益計算書及び連結包括利益計算書

連結損益計算書

(単位：百万円)

	前連結会計年度 (自 2021年4月1日 至 2022年3月31日)	当連結会計年度 (自 2022年4月1日 至 2023年3月31日)
経常収益	8,209,708	9,519,445
保険料等収入	5,291,973	6,635,483
資産運用収益	2,551,112	2,280,833
利息及び配当金等収入	1,386,792	1,431,356
売買目的有価証券運用益	206,378	―
有価証券売却益	393,503	571,788
有価証券償還益	21,230	19,182
金融派生商品収益	―	27,103
為替差益	453,064	227,065
貸倒引当金戻入額	11,340	100
その他運用収益	2,718	4,236
特別勘定資産運用益	76,084	―
その他経常収益	366,622	603,127
経常費用	7,618,811	9,108,545
保険金等支払金	5,855,703	6,443,986
保険金	1,397,477	1,571,782
年金	778,494	866,271
給付金	653,894	862,291
解約返戻金	1,363,354	1,989,215
その他返戻金等	1,662,483	1,154,425
責任準備金等繰入額	316,837	98,544
支払備金繰入額	48,203	90,239
責任準備金繰入額	260,369	―
契約者配当金積立利息繰入額	8,264	8,305
資産運用費用	381,136	1,146,275
支払利息	26,704	33,000
金銭の信託運用損	1,572	2,303
売買目的有価証券運用損	―	392,938
有価証券売却損	234,564	516,578
有価証券評価損	7,817	21,750
有価証券償還損	3,545	5,934
金融派生商品費用	40,176	―
投資損失引当金繰入額	247	486
貸付金償却	459	1,513
賃貸用不動産等減価償却費	13,458	13,682
その他運用費用	52,590	72,725
特別勘定資産運用損	―	85,361
事業費	※1 752,160	※1 831,345
その他経常費用	312,973	588,392
経常利益	590,897	410,900

	前連結会計年度 （自 2021年4月1日 至 2022年3月31日）	当連結会計年度 （自 2022年4月1日 至 2023年3月31日）
特別利益	10,766	4,584
固定資産等処分益	※2 10,404	※2 4,550
その他特別利益	362	34
特別損失	39,792	39,805
固定資産等処分損	※3 12,966	※3 5,562
減損損失	※1 3,850	※1 15,939
価格変動準備金繰入額	22,903	18,202
その他特別損失	72	101
契約者配当準備金繰入額	87,500	95,000
税金等調整前当期純利益	474,371	280,679
法人税及び住民税等	136,131	41,937
法人税等調整額	△71,113	46,440
法人税等合計	65,018	88,377
当期純利益	409,353	192,301
非支配株主に帰属する当期純利益	―	0
親会社株主に帰属する当期純利益	409,353	192,301

連結包括利益計算書

	前連結会計年度 （自 2021年4月1日 至 2022年3月31日）	当連結会計年度 （自 2022年4月1日 至 2023年3月31日）
当期純利益	409,353	192,301
その他の包括利益		
その他有価証券評価差額金	△653,967	△1,649,661
繰延ヘッジ損益	△11,381	△22,034
土地再評価差額金	△25	
為替換算調整勘定	110,026	137,354
退職給付に係る調整額	18,185	14,575
持分法適用会社に対する持分相当額	△2,586	△3,368
その他の包括利益合計	※1 △539,749	※1 △1,523,134
包括利益	△130,395	△1,330,832
（内訳）		
親会社株主に係る包括利益	△130,395	△1,330,832
非支配株主に係る包括利益	―	0

③ 連結株主資本等変動計算書

前連結会計年度（自 2021年4月1日 至 2022年3月31日）

（単位：百万円）

| | 株主資本 | | | | | その他の包括利益累計額 | |
	資本金	資本剰余金	利益剰余金	自己株式	株主資本合計	その他有価証券評価差額金	繰延ヘッジ損益
当期首残高	343,732	330,065	1,375,805	△155,959	1,893,643	3,056,350	△2,916
当期変動額							
新株の発行	194	194			389		
剰余金の配当			△68,833		△68,833		
親会社株主に帰属する当期純利益			409,353		409,353		
自己株式の取得				△199,999	△199,999		
自己株式の処分		△104		365	261		
自己株式の消却		△342,874		342,874	-		
利益剰余金から資本剰余金への振替		342,979	△342,979		-		
土地再評価差額金の取崩			△38,695		△38,695		
その他			182		182		
株主資本以外の項目の当期変動額（純額）						△658,381	△12,615
当期変動額合計	194	194	△40,971	143,241	102,658	△658,381	△12,615
当期末残高	343,926	330,259	1,334,834	△12,718	1,996,301	2,397,969	△15,532

（単位：百万円）

| | その他の包括利益累計額 | | | | 新株予約権 | 非支配株主持分 | 純資産合計 |
	土地再評価差額金	為替換算調整勘定	退職給付に係る調整累計額	その他の包括利益累計額合計			
当期首残高	△22,026	△108,830	△10,012	2,912,564	920	-	4,807,129
当期変動額							
新株の発行							389
剰余金の配当							△68,833
親会社株主に帰属する当期純利益							409,353
自己株式の取得							△199,999
自己株式の処分							261
自己株式の消却							-
利益剰余金から資本剰余金への振替							-
土地再評価差額金の取崩							△38,695
その他							182
株主資本以外の項目の当期変動額（純額）	38,669	113,062	18,210	△501,053	△225	-	△501,279
当期変動額合計	38,669	113,062	18,210	△501,053	△225	-	△398,621
当期末残高	16,643	4,232	8,197	2,411,510	694	-	4,408,507

当連結会計年度（自　2022年4月1日　至　2023年3月31日）

（単位：百万円）

	株主資本					その他の包括利益累計額	
	資本金	資本剰余金	利益剰余金	自己株式	株主資本合計	その他有価証券評価差額金	繰延ヘッジ損益
当期首残高	343,926	330,259	1,334,834	△12,718	1,996,301	2,397,969	△15,532
当期変動額							
新株の発行	147	147			295		
剰余金の配当			△85,030		△85,030		
親会社株主に帰属する当期純利益			192,301		192,301		
自己株式の取得				△120,000	△120,000		
自己株式の処分		△143		405	262		
自己株式の消却		△118,394		118,394	－		
利益剰余金から資本剰余金への振替		118,538	△118,538		－		
土地再評価差額金の取崩			△13,726		△13,726		
その他			122		122		
株主資本以外の項目の当期変動額（純額）						△1,655,268	△22,728
当期変動額合計	147	147	△24,870	△1,199	△25,775	△1,655,268	△22,728
当期末残高	344,074	330,407	1,309,963	△13,918	1,970,526	742,700	△38,260

（単位：百万円）

	その他の包括利益累計額				新株予約権	非支配株主持分	純資産合計
	土地再評価差額金	為替換算調整勘定	退職給付に係る調整累計額	その他の包括利益累計額合計			
当期首残高	16,643	4,232	8,197	2,411,510	694	－	4,408,507
当期変動額							
新株の発行							295
剰余金の配当							△85,030
親会社株主に帰属する当期純利益							192,301
自己株式の取得							△120,000
自己株式の処分							262
自己株式の消却							－
利益剰余金から資本剰余金への振替							－
土地再評価差額金の取崩							△13,726
その他							122
株主資本以外の項目の当期変動額（純額）	13,726	140,282	14,580	△1,509,407	△211	1	△1,509,617
当期変動額合計	13,726	140,282	14,580	△1,509,407	△211	1	△1,535,392
当期末残高	30,369	144,515	22,778	902,102	483	1	2,873,114

④ 連結キャッシュ・フロー計算書

（単位：百万円）

	前連結会計年度 （自 2021年4月1日 至 2022年3月31日）	当連結会計年度 （自 2022年4月1日 至 2023年3月31日）
営業活動によるキャッシュ・フロー		
税金等調整前当期純利益	174,371	280,679
賃貸用不動産等減価償却費	13,458	13,682
減価償却費	71,352	86,510
減損損失	3,850	15,939
のれん償却額	5,154	7,030
支払備金の増減額（△は減少）	117,139	47,472
責任準備金の増減額（△は減少）	293,034	△722,309
契約者配当準備金積立利息繰入額	8,264	8,305
契約者配当準備金繰入額（△は戻入額）	87,500	95,000
貸倒引当金の増減額（△は減少）	△11,595	△3,643
投資損失引当金の増減額（△は減少）	152	147
貸付金償却	459	1,513
退職給付に係る負債の増減額（△は減少）	△2,420	△6,004
役員退職慰労引当金の増減額（△は減少）	△69	△134
価格変動準備金の増減額（△は減少）	22,903	18,202
利息及び配当金等収入	△1,386,792	△1,431,356
有価証券関係損益（△は益）	△451,269	431,593
支払利息	26,704	33,000
為替差損益（△は益）	△453,064	△227,065
有形固定資産関係損益（△は益）	2,191	498
持分法による投資損益（△は益）	△5,529	△6,184
再保険貸の増減額（△は増加）	△78,519	558,710
その他資産（除く投資活動関連、財務活動関連）の増減額（△は増加）	△251,517	△12,076
再保険借の増減額（△は減少）	76,163	△307,989
その他負債（除く投資活動関連、財務活動関連）の増減額（△は減少）	△25,677	50,448
その他	87,547	35,088
小計	△1,376,207	△1,032,942
利息及び配当金等の受取額	1,554,969	1,621,166
利息の支払額	△32,077	△36,066
契約者配当金の支払額	△83,541	△93,123
その他	△383,791	△436,527
法人税等の支払額又は還付額（△は支払）	△141,428	△154,975
営業活動によるキャッシュ・フロー	△462,076	△132,468

	前連結会計年度 (自 2021年4月1日 至 2022年3月31日)	当連結会計年度 (自 2022年4月1日 至 2023年3月31日)
投資活動によるキャッシュ・フロー		
預貯金の純増減額（△は増加）	△19,326	4,460
買入金銭債権の取得による支出	△47,029	△25,989
買入金銭債権の売却・償還による収入	40,290	29,995
金銭の信託の増加による支出	△69,896	△92,105
金銭の信託の減少による収入	92,300	285,464
有価証券の取得による支出	△10,457,617	△10,719,051
有価証券の売却・償還による収入	10,932,077	14,073,919
貸付けによる支出	△940,561	△1,000,871
貸付金の回収による収入	863,640	842,473
短期資金運用の純増減額（△は減少）	672,886	△2,764,354
資産運用活動計	1,066,764	633,940
営業活動及び資産運用活動計	604,688	501,472
有形固定資産の取得による支出	△99,465	△117,860
有形固定資産の売却による収入	31,910	56,547
無形固定資産の取得による支出	△49,547	△43,821
無形固定資産の売却による収入	694	－
連結の範囲の変更を伴う子会社株式の取得による支出	－	※2 △218,369
連結の範囲の変更を伴う子会社株式の取得による収入	12,919	－
投資活動によるキャッシュ・フロー	963,276	310,437
財務活動によるキャッシュ・フロー		
借入れによる収入	330,130	103,673
借入金の返済による支出	△298,308	△205,632
社債の発行による収入	79,453	－
社債の償還による支出	△129,858	－
株式の発行による収入	－	147
リース債務の返済による支出	△3,302	△3,147
短期資金調達の純増減額（△は減少）	109,976	△13,599
自己株式の取得による支出	△199,999	△120,000
配当金の支払額	△68,678	△84,814
連結の範囲の変更を伴わない子会社株式の取得による支出	△120	△2,075
その他	0	0
財務活動によるキャッシュ・フロー	△180,707	△325,447
現金及び現金同等物に係る換算差額	33,341	48,019
現金及び現金同等物の増減額（△は減少）	353,833	△99,458
現金及び現金同等物の期首残高	2,262,910	2,616,743
現金及び現金同等物の期末残高	※1 2,616,743	※1 2,517,285

【注記事項】
（連結財務諸表作成のための基本となる重要な事項）

1 連結の範囲に関する事項 ･･

(1) 連結子会社の数 87社 ･･

　　主要な連結子会社の名称

　　　第一生命保険株式会社

　　　第一フロンティア生命保険株式会社

　　　ネオファースト生命保険株式会社

　　　アイペットホールディングス株式会社

　　　Dai-ichi Life Insurance Company of Vietnam, Limited

　　　TAL Dai-ichi Life Australia Pty Ltd

　　　Protective Life Corporation

　　　Dai-ichi Life Insurance（Cambodia）PLC. Dai-ichi Life Insurance Myanmar Ltd.

　　　Dai-ichi Life Reinsurance Bermuda Ltd. Partners Group Holdings Limited

　　　第一生命インターナショナルホールディングス合同会社

　　　バーテックス・インベストメント・ソリューションズ株式会社

　当社の子会社となったアイペットホールディングス株式会社及びその傘下2社の計3社，Partners Group Holdings Limited及びその傘下7社の計8社について，当連結会計年度より連結の範囲に含めております。

　当連結会計年度に設立したバーテックス・インベストメント・ソリューションズ株式会社について，当連結会計年度より連結の範囲に含めております。

　当社の子会社となったTAL Dai-ichi Life Australia Pty Ltd傘下2社について，当連結会計年度より連結の範囲に含めております。

　当社の子会社となったProtective Life Corporation傘下4社について，当連結会計年度より連結の範囲に含めております。

　TAL Dai-ichi Life Australia Pty Ltd傘下6社について，当連結会計年度より連結の範囲から除外しております。

（2）　非連結子会社の名称等 ……………………………………………………………

　主要な非連結子会社は，第一生命情報システム株式会社，株式会社第一ビルディング及びファースト・ユー匿名組合であります。

（連結の範囲から除いた理由）

　非連結子会社38社については，総資産，売上高，当期純損益（持分に見合う額），利益剰余金（持分に見合う額）及びキャッシュ・フローその他の項目からみて，いずれもそれぞれ小規模であり，当企業集団の財政状態，経営成績及びキャッシュ・フローの状況に関する合理的な判断を妨げない程度に重要性が乏しいため，連結の範囲から除外しております。

2　持分法の適用に関する事項 ………………………………………………………

（1）　持分法適用の非連結子会社の数　0社 …………………………………………

（2）　持分法適用の関連会社の数　23社 ……………………………………………

　主要な持分法適用関連会社の名称

　　アセットマネジメントOne株式会社

　　企業年金ビジネスサービス株式会社

　　ジャパンエクセレントアセットマネジメント株式会社

　　OCEAN LIFE INSURANCE PUBLIC COMPANY LIMITED

　　Star Union Dai-ichi Life Insurance Company Limited

　　PT Panin Internasional

　当社の関連会社となったアセットマネジメントOne株式会社傘下1社について，当連結会計年度より持分法の適用範囲に含めております。

（3）　持分法を適用していない非連結子会社及び関連会社のうち主要な会社等の名称 ……………………………………………………………………………

　持分法を適用していない非連結子会社は，第一生命情報システム株式会社，株式会社第一ビルディング，ファースト・ユー匿名組合他であり，持分法を適用していない関連会社は，みずほ第一フィナンシャルテクノロジー株式 会社，日本物産株式会社他であります。

（持分法を適用しない理由）

持分法非適用会社は，当期純損益（持分に見合う額）及び利益剰余金（持分に見合う額）その他の項目からみて，連結財務諸表に及ぼす影響が軽微であり，かつ全体としても重要性が乏しいため，持分法の適用範囲から除外しております。

3　連結子会社の事業年度等に関する事項 ·······························

連結子会社のうち，在外連結子会社の決算日は，12月31日及び3月31日であります。連結財務諸表の作成にあたっては，同日現在の財務諸表を使用し，連結決算日との間に生じた重要な取引については，連結上必要な調整を行っております。

4　会計方針に関する事項 ·····································
(1)　重要な資産の評価基準及び評価方法 ·····························
① 有価証券（現金及び預貯金，買入金銭債権のうち有価証券に準じるもの及び金銭の信託において信託財産として運用している有価証券を含む。）
  a　売買目的有価証券
　　　時価法（売却原価の算定は移動平均法）
  b　満期保有目的の債券
　　　移動平均法による償却原価法（定額法）
  c　責任準備金対応債券（「保険業における「責任準備金対応債券」に関する当面の会計上及び監査上の取扱い」（日本公認会計士協会業種別監査委員会報告第21号）に基づく責任準備金対応債券をいう。）
　　　移動平均法による償却原価法（定額法）
  d　非連結かつ持分法非適用の子会社株式及び関連会社株式
　　　移動平均法による原価法
  e　その他有価証券
　　(a)　市場価格のない株式等以外のもの
　　　　連結会計年度末日の市場価格等に基づく時価法（売却原価の算定は移動平均法）

(b)　市場価格のない株式等

　　移動平均法による原価法

　　なお，その他有価証券の評価差額については，全部純資産直入法により処理しております。

　一部の在外連結子会社の保有する有価証券の売却原価の算定は，先入先出法によっております。

② **デリバティブ取引**

　時価法

(2)　重要な減価償却資産の減価償却の方法 ·····································
① **有形固定資産（リース資産を除く。）**

　当社及び国内連結子会社の有形固定資産の減価償却の方法は，定率法（ただし，建物（2016年3月31日以前に取得した建物付属設備及び構築物を除く。）については定額法）によっております。

　なお，主な耐用年数は次のとおりであります。

　　建物　　　　　　　　　2年～60年
　　その他の有形固定資産　　2年～20年

　なお，その他の有形固定資産のうち取得価額が10万円以上20万円未満のものについては，3年間で均等償却しております。

　また，2007年3月31日以前に取得した有形固定資産のうち，従来の償却可能限度額まで償却が到達している有形固定資産については，償却到達年度の翌連結会計年度より残存簿価を5年間で均等償却しております。

　在外連結子会社の保有する有形固定資産の減価償却の方法は，主として定額法によっております。

② **無形固定資産（リース資産を除く。）**

　無形固定資産の減価償却の方法は，定額法によっております。

　在外連結子会社の買収等により取得した無形固定資産については，その効果が及ぶと見積もられる期間にわたり，効果の発現する態様にしたがって償却しております。

なお，自社利用のソフトウェアの減価償却の方法は，利用可能期間（2年～10年）に基づく定額法によっております。

③ **リース資産**

所有権移転外ファイナンス・リース取引に係るリース資産

リース期間を耐用年数とし，残存価額をゼロとした定額法によっております。

(3) 重要な引当金の計上基準 ·····································

① **貸倒引当金**

連結される国内の生命保険会社の貸倒引当金は，資産の自己査定基準及び償却・引当基準に則り，次のとおり計上しております。

破産，民事再生等，法的形式的な経営破綻の事実が発生している債務者（以下，「破綻先」という。）に対する債権及び実質的に経営破綻に陥っている債務者（以下，「実質破綻先」という。）に対する債権については，下記直接減額後の債権額から担保及び保証等による回収可能見込額を控除し，その残額を計上しております。

また，現状，経営破綻の状況にはないが，今後経営破綻に陥る可能性が大きいと認められる債務者（以下，「破綻懸念先」という。）に対する債権については，債権額から担保及び保証等による回収可能見込額を控除し，その残額のうち，債務者の支払能力を総合的に判断し必要と認められる額を計上しております。

上記以外の債権については，過去の一定期間における貸倒実績から算出した貸倒実績率等を債権額等に乗じた額を計上しております。

すべての債権は，資産の自己査定基準に基づき，関連部署が資産査定を実施し，当該部署から独立した資産監査部署が査定結果を監査しており，その査定結果に基づいて上記の引当を行っております。

なお，破綻先及び実質破綻先に対する担保・保証付債権等については，債権額から担保及び保証等による回収可能見込額を控除した残額を取立不能見込額として債権額から直接減額しており，その金額は1百万円（前連結会計年度は1百万円）であります。

一部の在外連結子会社においては，対象となる債権について当初認識時に全期間の予想信用損失を見積り，貸倒引当金を認識しております。

② 投資損失引当金

　投資損失引当金は，投資による損失に備えるため，資産の自己査定基準及び償却・引当基準に則り，市場価格のない株式等及び組合出資金等について，将来発生する可能性のある損失見込額を計上しております。

③ 役員退職慰労引当金

　役員退職慰労引当金は，役員退任慰労金の支給に備えるため，一部の連結子会社の社内規程に基づく支給見込額を計上しております。

④ 時効保険金等払戻引当金

　時効保険金等払戻引当金は，時効処理を行った保険金等について契約者からの払戻請求に基づく払戻損失に備えるため，過去の払戻実績に基づく将来の払戻損失見込額を計上しております。

(4) 退職給付に係る会計処理の方法

　退職給付に係る負債は，従業員の退職給付に備えるため，当連結会計年度末における見込額に基づき，退職給付債務から年金資産の額を控除した額を計上しております。

　退職給付に係る会計処理の方法は次のとおりであります。

① 退職給付見込額の期間帰属方法

　退職給付債務の算定にあたり，退職給付見込額を当連結会計年度末までの期間に帰属させる方法については，給付算定式基準によっております。

② 数理計算上の差異及び過去勤務費用の費用処理方法

　過去勤務費用は，その発生時の従業員の平均残存勤務期間以内の一定の年数（7年）による定額法により費用処理しております。

　数理計算上の差異は，各連結会計年度の発生時における従業員の平均残存勤務期間以内の一定の年数（7年）による定額法により按分した額を，それぞれ発生の翌連結会計年度から費用処理することとしております。なお，一部の在外連結子会社は回廊アプローチを採用しております。

　また，一部の在外連結子会社は，退職給付債務の算定にあたり，簡便法を採用しております。

(5) 価格変動準備金の計上方法

価格変動準備金は，保険業法第115条の規定に基づき算出した額を計上しております。

(6) 重要な外貨建資産及び負債の本邦通貨への換算基準

外貨建資産及び負債（非連結かつ持分法非適用の子会社株式及び関連会社株式は除く。）は，決算日の為替相場により円換算しております。なお，非連結かつ持分法非適用の子会社株式及び関連会社株式は，取得時の為替相場により円換算しております。また，在外連結子会社の資産，負債，収益及び費用は，在外連結子会社の事業年度末日の為替相場により円換算し，換算差額は純資産の部における為替換算調整勘定に含めております。

一部の連結子会社については，外貨建保険等に係る外貨建その他有価証券のうち債券に係る換算差額について，外国通貨による時価の変動を評価差額として処理し，それ以外を為替差損益として処理しております。

(7) 重要なヘッジ会計の方法 ……………………………………………………………
① ヘッジ会計の方法

当社及び一部の国内連結子会社のヘッジ会計の方法は「金融商品に関する会計基準」（企業会計基準第10号）に従い，主に，貸付金の一部，公社債の一部及び借入金・社債の一部に対するキャッシュ・フローのヘッジとして金利スワップの特例処理及び繰延ヘッジ，外貨建債券，外貨建貸付金，外貨建借入金・外貨建社債の一部，外貨建定期預金及び外貨建株式（予定取引）の一部に対する為替変動に係るキャッシュ・フローのヘッジとして通貨スワップ，為替予約及び外貨建金銭債権による振当処理及び繰延ヘッジ，外貨建債券の一部に対する為替変動に係る価格変動リスクのヘッジとして通貨オプション，為替予約による時価ヘッジ，外貨建債券の一部に対する金利変動リスクのヘッジとして債券店頭オプションによる繰延ヘッジ，国内株式の一部及び外貨建株式（予定取引）の一部に対する価格変動リスクのヘッジとして株式オプション，株式先渡による繰延ヘッジ及び時価ヘッジ，また，保険負債の一部に対する金利変動リスクのヘッジとして「保険

業における金融商品会計基準適用に関する会計上及び監査上の取扱い」（業種別監査委員会報告第26号）に基づく金利スワップによる繰延ヘッジを行っております。

② **ヘッジ手段とヘッジ対象**

（ヘッジ手段）	（ヘッジ対象）
金利スワップ	貸付金，公社債，借入金・社債，保険負債
通貨スワップ	外貨建債券，外貨建貸付金，外貨建借入金・外貨建社債
為替予約	外貨建債券，外貨建定期預金，外貨建株式（予定取引）
外貨建金銭債権	外貨建株式（予定取引）
通貨オプション	外貨建債券
債券店頭オプション	外貨建債券
株式オプション	国内株式，外貨建株式（予定取引）
株式先渡	国内株式

③ **ヘッジ方針**

当社及び一部の国内連結子会社では，資産運用に関する社内規程等に基づき，ヘッジ対象に係る価格変動リスク及び為替変動リスクを一定の範囲内でヘッジしております。

④ **ヘッジ有効性評価の方法**

ヘッジの有効性の判定は，主に，ヘッジ対象とヘッジ手段のキャッシュ・フロー変動又は時価変動を比較する比率分析によっております。

（「LIBORを参照する金融商品に関するヘッジ会計の取扱い」を適用しているヘッジ関係）

上記のヘッジ関係のうち，「LIBORを参照する金融商品に関するヘッジ会計の取扱い」（実務対応報告第40号　2022年3月17日）の適用範囲に含まれるヘッジ関係のすべてに，当該実務対応報告に定められる特例的な取扱いを適用しております。当該実務対応報告を適用しているヘッジ関係の内容は，次のとおりであります。

ヘッジ会計の方法…金利スワップの特例処理によっております。

ヘッジ手段…金利スワップ

ヘッジ対象…貸付金

ヘッジ取引の種類…キャッシュ・フローを固定するもの

(8)　のれんの償却方法及び償却期間 ···

　のれんについては，20年以内のその効果の及ぶ期間にわたって均等償却しております。ただし，重要性が乏しいのれんについては，発生連結会計年度に一括償却しております。

(9)　連結キャッシュ・フロー計算書における資金の範囲 ·····················

　連結キャッシュ・フロー計算書における資金の範囲は，手許現金，随時引き出し可能な預金及び容易に換金可能であり，かつ，価値の変動について僅少なリスクしか負わない取得日から3ヶ月以内に償還期限の到来する短期投資からなっております。

(10)　その他連結財務諸表作成のための重要な事項 ·····························

①　消費税等の会計処理

　当社及び国内連結子会社の消費税及び地方消費税の会計処理は，主として税抜方式によっております。ただし，資産に係る控除対象外消費税のうち，法人税法施行令に定める繰延消費税については，その他資産に計上し5年間で均等償却し，繰延消費税以外のものについては，発生連結会計年度に費用処理しております。

②　責任準備金の積立方法

　連結される国内の生命保険会社の責任準備金は，期末時点において，保険契約上の責任が開始している契約について，保険契約に基づく将来の債務の履行に備えるため，保険業法第116条第1項に基づき算出方法書（保険業法第4条第2項第4号）に記載された方法に従って計算し，積み立てております。

　責任準備金のうち保険料積立金については，次の方式により計算しております。

　a　標準責任準備金の対象契約については金融庁長官が定める方式（平成8年
　　　大蔵省告示第48号）

　b　標準責任準備金の対象とならない契約については平準純保険料式

なお，直近の実績に基づき将来の収支を予測すること等により，将来の債務の履行に支障を来すおそれがあると認められる場合には，保険業法施行規則第69条第5項に基づき，追加して責任準備金を積み立てる必要があります。期末時点における責任準備金には，同項に従い，一部の終身保険契約を対象に追加して積み立てた責任準備金が含まれております。

　また，責任準備金のうち危険準備金については，保険業法施行規則第69条第1項第3号に基づき，保険契約に基づく将来の債務を確実に履行するため，将来発生が見込まれる危険に備えて積み立てております。

　連結される米国の生命保険会社の責任準備金は，米国会計基準に基づき，契約時等に定める保険数理計算上の仮定（金利，死亡率，継続率等）に基づく将来の予定キャッシュ・フローの見積りに基づき算出した額を積み立てております。なお，当該見積りと直近の実績が大きく乖離することにより，将来の債務の履行に支障を来すおそれがあると認められる場合には，仮定の見直しを行い，追加して責任準備金を積み立てる必要があります。

　上記以外の連結される海外の生命保険会社の責任準備金は，各国の会計基準に基づき算出した額を積み立てております。

③　既発生未報告支払備金（IBNR備金）の計算方法

　一部の国内連結子会社の個人保険の既発生未報告支払備金（まだ支払事由の発生の報告を受けていないが保険契約に規定する支払事由が既に発生したと認める保険金等をいう。以下同じ。）については，新型コロナウイルス感染症と診断され，宿泊施設または自宅にて医師等の管理下で療養をされた場合（以下「みなし入院」という。）の入院給付金等の支払対象を当事業年度中に変更したことにより，平成10年大蔵省告示第234号（以下「IBNR告示」という。）第1条第1項本則に基づく計算では適切な水準の額を算出することができないことから，IBNR告示第1条第1項ただし書（以下「ただし書」という。）の規定に基づき，以下の方法により算出した額を計上しております。

（計算方法の概要）

　IBNR告示第1条第1項本則に掲げる全ての事業年度の既発生未報告支払備金積立所要額及び保険金等の支払額から，重症化リスクの高い方（以下「4類型」）

以外のみなし入院に係る額を除外した上で，IBNR告示第1条第1項本則と同様の方法により算出しております。

　また，診断日が2022年9月25日以前の4類型以外のみなし入院に係る額を推計するために用いた4類型のみなし入院に係る額は，診断日が2022年9月26日以降の4類型に係る累計支払金額と4類型の1つである65歳以上の方のみなし入院に係る累計支払金額の比率に診断日が2022年9月25日以前である65歳以上の方のみなし入院に係る額を乗じて推計，または，2022年9月26日以降の全国新規感染者数のうち当社の4類型に係るみなし入院の件数が占める割合を2022年9月25日以前の全国新規感染者数のうち当社の子会社が支払ったみなし入院の件数が占める割合で除して得られた率を，診断日が2022年9月25日以前の方に支払ったみなし入院に係る額に乗じて推計しております。

④　**保険料等収入及び保険金等支払金の計上基準**

　連結される国内の生命保険会社の保険料等収入及び保険金等支払金の計上基準は，次のとおりであります。

a　保険料等収入（再保険収入を除く）

　保険料等収入（再保険収入を除く）は，収納があり，保険契約上の責任が開始しているものについて，当該収納した金額により計上しております。なお，収納した保険料等収入（再保険収入を除く）のうち，期末時点において未経過となっている期間に対応する部分については，保険業法施行規則第69条第1項第2号に基づき，責任準備金に繰り入れております。

b　再保険収入

　再保険収入は，再保険協約書に基づき元受保険契約に係る保険金等として支払った金額のうち再保険に付した額を，当該保険金等の支払時に計上しております。

　なお，修正共同保険式再保険のうち一部の現金授受を行わない取引では，再保険協約書に基づき元受保険契約に係る新契約費相当額の一部として受け取る額を再保険収入に計上するとともに，同額を未償却出再手数料として再保険貸に計上し，再保険契約期間にわたって償却しております。

c　保険金等支払金（再保険料を除く）

　保険金等支払金（再保険料を除く）は，保険約款に基づく支払事由が発生し，当該約款に基づいて算定された金額を支払った契約について，当該金額により計上しております。

　なお，保険業法第117条に基づき，期末時点において支払義務が発生しているが支払いが行われていない，又は支払事由の報告を受けていないが支払事由が既に発生したと認められる保険金等について，支払備金に繰り入れております。

d　再保険料

　再保険料は，再保険協約書に基づき合意された再保険料を元受保険契約に係る保険料の収納時又は当該協約書の締結時に計上しております。

　なお，再保険に付した部分に相当する一部の責任準備金及び支払備金につきましては，保険業法施行規則第71条第1項及び同規則第73条第3項に基づき不積立てとしております。

　連結される海外の生命保険会社の保険料等収入及び保険金等支払金は，米国会計基準等，各国の会計基準に基づき計上しております。

（重要な会計上の見積り）

1　のれんの評価 ··

（1）　当連結会計年度の連結財務諸表に計上した金額 ·····························

　当連結会計年度の連結貸借対照表において計上されているのれんは，当社によるProtective Life Corporationの買収並びにProtective Life Corporationが行う買収事業に関連して計上されたのれん55,535百万円（前連結会計年度は24,152百万円），TAL Dai-ichi Life Australia Pty Ltdの買収に関連して計上されたのれん27,803百万円（前連結会計年度は32,093百万円），Partners Group Holdings Limitedの買収に関連して計上されたのれん20,482百万円（前連結会計年度は -百万円）及びアイペットホールディングス株式会社の買収に関連して計上されたのれん15,724百万円（前連結会計年度は -百万円）であります。

（2）　識別した項目に係る重要な会計上の見積りの内容に関する情報 ············

　Protective Life Corporation及びTAL Dai-ichi Life Australia Pty Ltdの買収等

に関連して計上されたのれんは，各連結子会社の連結財務諸表に計上されており，各国の会計基準に基づき各連結子会社でのれんの減損損失の計上の要否に関する判断を行っております。

　Protective Life Corporationにおいては，定期的に，のれんの減損損失の計上の要否を判断しております。まず，のれんを含む報告単位の公正価値が帳簿価額を下回っている可能性が50％超であるかどうか（減損の兆候の有無）について定性的要因を評価しております。なお，会計基準において全部又は一部の報告単位について，減損の兆候の有無の判定を省略し，後述の定量的減損テストに進むことが認められております。減損の兆候の有無は，Protective Life Corporation及び各報告単位を取り巻く経済環境及び市場環境の悪化の有無，将来の利益又はキャッシュ・フローにマイナスの影響を及ぼす要因の有無，全般的な業績の悪化の有無，Protective LifeCorporation及び各報告単位に固有のその他の事象を考慮して総合的に検討しております。

　次に，減損の兆候の有無の判定において，のれんに減損の兆候が認められると結論付けられた場合，又は減損の兆候の有無の判定を省略することを選択した場合に，のれんを含む報告単位の帳簿価額と公正価値との比較（定量的減損テスト）を行います。公正価値の算出に当たって使用される主要な仮定（事業収支予測，割引率等）には見積りの不確実性があります。

　減損の兆候となる環境の悪化や事象が生じた場合，又は帳簿価額と公正価値との比較（定量的減損テスト）において使用される主要な仮定が変動した場合，翌連結会計年度において，減損損失が発生する可能性があります。

　TAL Dai-ichi Life Australia Pty Ltdにおいては，のれんを配分した資金生成単位の帳簿価額と回収可能価額との比較（定量的減損テスト）を行うことで，のれんの減損損失の計上の要否を判断しております。回収可能価額は，エンベディッド・バリュー等に基づき算出しており，エンベディッド・バリューの算出に当たっては，保険数理計算上の仮定（割引率，保険事故発生率，継続率等）を用いております。保険数理計算上の仮定の更新により回収可能価額が低下した場合には，翌連結会計年度において，減損損失が発生する可能性があります。

　当社は，各連結子会社での判断の結果を踏まえ，日本の会計基準に基づき減損

損失の計上の要否の判定を行っております。

　Partners Group Holdings Limited 及びアイペットホールディングス株式会社の買収に関連して計上されたのれんは，当社の連結財務諸表に計上されており，当社が日本の会計基準に基づきのれんの減損損失の計上の要否に関する判断を行っております。

　まず，のれんを含む資産グループの減損の兆候の有無について判定しております。減損の兆候の有無は，Partners Group Holdings Limited 及びアイペットホールディングス株式会社を取り巻く経済環境及び市場環境の悪化の有無，将来の利益又はキャッシュ・フローにマイナスの影響を及ぼす要因の有無，全般的な業績の悪化の有無，実質価値の著しい下落の有無，各資産グループに固有のその他の事象を考慮して総合的に検討しております。

　次に，減損の兆候の有無の判定において，のれんに減損の兆候が認められると結論付けられた場合に，のれんを含む資産グループから将来生じるキャッシュ・フロー等を見積り，その総額と帳簿価額を比較し，下回る場合には減損損失を認識することとなります。減損損失を認識することとなった，のれんを含む資産グループは回収可能価額を算出のうえ，帳簿価額の比較を行います。回収可能額の算出に当たって使用される主要な仮定（事業収支予測，割引率，保険数理計算上の仮定等）には見積りの不確実性があります。

　減損の兆候となる環境の悪化や事象が生じた場合，翌連結会計年度において，減損損失が発生する可能性があります。

　なお，当連結会計年度において，のれんの減損損失は計上しておりません。

2　保有契約価値の評価 ………………………………………………………………
（1）　当連結会計年度の連結財務諸表に計上した金額 ……………………………
　当連結会計年度の連結貸借対照表において計上されているその他の無形固定資産には，当社によるProtectiveLife Corporationの買収並びにProtective Life Corporationが行う買収事業に関する保有契約価値相当額308,608百万円（前連結会計年度は207,570百万円），TAL Dai-ichi Life Australia Pty Ltdの買収に関する保有契約価値相当額20,188百万円（前連結会計年度は23,259百万円），

Partners Group Holdings Limitedの買収に関する保有契約価値相当額35,793百万円（前連結会計年度は-百万円）及びアイペットホールディングス株式会社の買収に関する保有契約価値相当額24,077百万円（前連結会計年度は-百万円）が含まれております。

(2) 識別した項目に係る重要な会計上の見積りの内容に関する情報 …………

　買収等により計上された保有契約価値は，保険数理計算に基づき，買収時点で有効な保険契約及び投資契約のキャッシュ・フローから得られる将来利益の現在価値として算定され，各連結子会社の連結財務諸表に計上されており，その効果が及ぶと見積られる期間にわたり，効果の発現する態様に従って償却しております。

　Protective Life Corporationの保有契約価値は，将来の保険料収入又は見積総利益，並びにその契約期間等を基礎として償却しております。

　そのうち，投資性保険商品等から生じる保有契約価値については，定期的に保険数理計算上の仮定（金利，死亡率，継続率等）を見直し，必要に応じて更新することにより，償却額が増減いたします。継続率の変動により見積総利益の増減が見込まれる場合等，保険数理計算上の仮定の更新により，翌連結会計年度において償却額が増減する可能性があります。

　また，伝統的保険商品等から生じる保有契約価値は，予め定められた償却に加え，定期的に責任準備金の積み立ての十分性に関する判断と一体で保有契約価値の減価の有無を検討しております。契約時等に定める保険数理計算上の仮定（金利，死亡率，継続率等）に基づく将来の予定キャッシュ・フローの見積りと直近の実績が大きく乖離することにより，将来の債務の履行に支障を来すおそれがあると認められる場合には，翌連結会計年度において，追加の責任準備金の計上に先立ち，保有契約価値の減価相当額が損失計上される可能性があります。なお，当連結会計年度において，保有契約価値の減価相当額の損失は計上しておりません。

　TAL Dai-ichi Life Australia Pty Ltdの保有契約価値は，のれんを減損した場合に保有契約価値の減損の兆候となる可能性があることから，のれんの減損損失の計上に関する判断と一体で検討しております。なお，当連結会計年度において，

のれんの定量的減損テストの結果を踏まえ，保有契約価値の減損の兆候は無いと判断しており，減損損失は計上しておりません。

Partners Group Holdings Limited及びアイペットホールディングス株式会社の保有契約価値の減損損失の計上の要否については，のれんの減損損失の計上に関する判断と一体で検討しております。なお，当連結会計年度において，のれんの兆候判定の結果と同様に，保有契約価値の減損の兆候は無いと判断しております。

（会計方針の変更）

「時価の算定に関する会計基準の適用指針」（企業会計基準適用指針第31号 2021年6月17日。以下「時価算定会計基準適用指針」という。）を当連結会計年度の期首から適用し，時価算定会計基準適用指針第27-2項に定める経過的な取扱いに従って，時価算定会計基準適用指針が定める新たな会計方針を将来にわたって適用することとしております。

（未適用の会計基準等）

1 「金融サービスー保険契約」（Topic944）（ASU第2018-12号 2018年8月15日，ASU第2019-09号 2019年11月15日，ASU第2020-11号 2020年11月5日）

(1) 概要

当該会計基準は，将来保険給付に係る負債の会計処理，市場リスクを伴う給付の公正価値測定，繰延新契約費の償却方法を中心に改正されたものであります。

米国会計基準を適用する非公開会社においては，2024年12月16日以降に開始する事業年度の期末から適用されます（早期適用は可能）。

(2) 適用予定日

一部の在外連結子会社において，米国会計基準を適用しておりますが，2025年12月31日に終了する事業年度の期末から適用する予定であります。

なお，在バミューダの連結子会社において，2022年12月31日に終了する事業年度から早期適用しております。

（3）　当該会計基準等の適用による影響

当該会計基準の適用による影響は，現在評価中であります。

なお，在バミューダの連結子会社による当該会計基準の適用が連結財務諸表に与える影響は僅少であります。

2　「保険契約」（AASB第17号）（NZ IFRS第17号）

（1）　概要

当該会計基準は，保険契約の認識，測定，表示等について規定しています。Australian Accounting Standards Boardが公表する豪州会計基準およびNew Zealand Accounting Standards Boardが公表するNew Zealand IFRS（以下，「NZ IFRS」という。）を適用する会社においては，2023年1月1日以降に開始する事業年度から適用されます。

（2）　適用予定日

一部の在外連結子会社において，豪州会計基準およびNZ IFRSを適用しておりますが，2023年4月1日より開始する事業年度から適用する予定であります。

（3）　当該会計基準等の適用による影響

当該会計基準の適用による影響は，現在評価中であります。

（追加情報）

当社は，株価上昇及び業績向上への従業員の意欲や士気を高めることを目的として，従業員等に信託を通じて自社の株式を交付する取引「株式給付信託（J-ESOP）」を行っております。

（1）　取引の概要

株式給付信託（J-ESOP）は，予め当社及び当社グループ会社が定めた株式給付規程に基づき，一定の要件を満たした当社及び当社グループ会社の従業員（以下，「従業員」という。）に対し当社株式を給付する仕組みであります。

当社は，従業員に対し個人の貢献度等に応じてポイントを付与し，退職時に当該付与ポイントに相当する当社株式を給付します。従業員に対し給付する株式については，予め信託設定した金銭により将来分も含め取得し，信託

財産として分別管理するものであります。

(2) 「従業員等に信託を通じて自社の株式を交付する取引に関する実務上の取扱い」（実務対応報告第30号）を適用しておりますが，従来採用していた方法により会計処理を行っております。

(3) 信託が保有する自社の株式に関する事項

① 信託における帳簿価額は5,838百万円（前連結会計年度は5,895百万円）であります。信託が保有する自社の株式は株主資本において自己株式として計上しております。

② 期末株式数は3,862千株（前連結会計年度は3,899千株）であり，期中平均株式数は3,865千株（前連結会計年度は3,903千株）であります。期末株式数及び期中平均株式数は，１株当たり情報の算出上，控除する自己株式に含めております。

2 財務諸表等

(1) 財務諸表 ···

① 貸借対照表

（単位：百万円）

	前事業年度 （2022年3月31日）	当事業年度 （2023年3月31日）
資産の部		
流動資産		
現金及び預金	69,997	126,861
前払費用	55	87
未収還付法人税等	34,846	50,135
その他	※2 1,156	※2 1,193
流動資産合計	106,055	178,276
固定資産		
有形固定資産		
建物	2	2
工具、器具及び備品	5	3
リース資産	1	－
有形固定資産合計	9	6
無形固定資産		
商標権	2	2
無形固定資産合計	2	2
投資その他の資産		
投資有価証券	2,918	3,822
関係会社株式	1,222,840	667,264
関係会社出資金	534,744	1,165,594
繰延税金資産	99	430
その他	381	409
投資その他の資産合計	1,760,984	1,837,521
固定資産合計	1,760,997	1,837,530
繰延資産		
社債発行費	1,765	1,551
繰延資産合計	1,765	1,551
資産の部合計	1,868,818	2,017,358

	前事業年度 （2022年3月31日）	当事業年度 （2023年3月31日）
負債の部		
流動負債		
関係会社短期借入金	－	110,000
1年内返済予定の関係会社長期借入金	7,267	7,267
未払費用	※2　4,356	※2　4,909
リース債務	1	－
未払金	※2　815	※2　1,008
未払法人税等	232	41
預り金	21	36
その他	885	1,046
流動負債合計	13,580	124,310
固定負債		
社債	310,000	310,000
長期借入金	250,000	250,000
関係会社長期借入金	29,066	21,799
その他	0	70
固定負債合計	589,066	581,869
負債の部合計	602,646	706,179
純資産の部		
株主資本		
資本金	343,926	344,074
資本剰余金		
資本準備金	343,926	344,074
資本剰余金合計	343,926	344,074
利益剰余金		
利益準備金	5,600	5,600
その他利益剰余金	584,804	630,869
価格変動積立金	65,000	65,000
特定事業出資積立金	－	200
繰越利益剰余金	519,804	565,669
利益剰余金合計	590,404	636,469
自己株式	△12,718	△13,918
株主資本合計	1,265,539	1,310,700
評価・換算差額等		
その他有価証券評価差額金	△63	△5
評価・換算差額等合計	△63	△5
新株予約権	694	483
純資産の部合計	1,266,171	1,311,178
負債及び純資産の部合計	1,868,818	2,017,358

② 損益計算書

（単位：百万円）

	前事業年度 （自 2021年4月1日 至 2022年3月31日）	当事業年度 （自 2022年4月1日 至 2023年3月31日）
営業収益	205,479	269,261
関係会社受取配当金	※1 193,794	※1 255,392
関係会社受入手数料	※1 11,682	※1 13,865
その他	※1 2	※1 3
営業費用	12,796	14,935
販売費及び一般管理費	※1,※2 12,796	※1,※2 14,935
営業利益	192,682	254,326
営業外収益	476	145
受取利息	2	4
為替差益	347	－
未払配当金除斥益	82	98
還付加算金	7	7
その他	※1 35	36
営業外費用	4,524	5,213
支払利息	※1 1,125	※1 1,299
社債利息	2,779	3,306
為替差損	－	199
その他	619	408
経常利益	188,635	249,258
特別損失	21,240	－
関係会社株式評価損	21,240	－
税引前当期純利益	167,394	249,258
法人税、住民税及び事業税	256	△44
法人税等調整額	△99	△330
法人税等合計	156	△375
当期純利益	167,237	249,633

③ 株主資本等変動計算書

前事業年度（自　2021年4月1日　至　2022年3月31日）

（単位：百万円）

	株主資本							
		資本剰余金			利益剰余金			
						その他利益剰余金		
	資本金	資本準備金	その他資本剰余金	資本剰余金合計	利益準備金	価格変動積立金	特定事業出資積立金	繰越利益剰余金
当期首残高	343,732	343,732	－	343,732	5,600	65,000	－	764,379
当期変動額								
新株の発行	194	194		194				
剰余金の配当								△68,833
当期純利益								167,237
自己株式の取得								
自己株式の処分			△104	△104				
自己株式の消却			△342,874	△342,874				
利益剰余金から資本剰余金への振替			342,979	342,979				△342,979
特定事業出資積立金の積立								
株主資本以外の項目の当期変動額（純額）								
当期変動額合計	194	194	－	194	－	－	－	△244,574
当期末残高	343,926	343,926	－	343,926	5,600	65,000	－	519,804

（単位：百万円）

| | 株主資本 | | | 評価・換算差額等 | | | |
| | 利益剰余金 | | | | | | |
	利益剰余金合計	自己株式	株主資本合計	その他有価証券評価差額金	評価・換算差額等合計	新株予約権	純資産合計
当期首残高	834,979	△155,959	1,366,484	△251	△251	920	1,367,153
当期変動額							
新株の発行			389				389
剰余金の配当	△68,833		△68,833				△68,833
当期純利益	167,237		167,237				167,237
自己株式の取得		△199,999	△199,999				△199,999
自己株式の処分		365	261				261
自己株式の消却		342,874	－				－
利益剰余金から資本剰余金への振替	△342,979		－				－
特定事業出資積立金の積立			－				－
株主資本以外の項目の当期変動額（純額）				187	187	△225	△38
当期変動額合計	△244,574	143,241	△100,944	187	187	△225	△100,982
当期末残高	590,404	△12,718	1,265,539	△63	△63	694	1,266,171

当事業年度（自　2022年4月1日　至　2023年3月31日）

（単位：百万円）

	株主資本							
	資本金	資本剰余金			利益剰余金			
		資本準備金	その他資本剰余金	資本剰余金合計	利益準備金	その他利益剰余金		
						価格変動積立金	特定事業出資積立金	繰越利益剰余金
当期首残高	343,926	343,926	—	343,926	5,600	65,000	—	519,804
当期変動額								
新株の発行	147	147		147				
剰余金の配当								△85,030
当期純利益								249,633
自己株式の取得								
自己株式の処分			△143	△143				
自己株式の消却			△118,394	△118,394				
利益剰余金から資本剰余金への振替			118,538	118,538				△118,538
特定事業出資積立金の積立							200	△200
株主資本以外の項目の当期変動額（純額）								
当期変動額合計	147	147	—	147	—	—	200	45,865
当期末残高	344,074	344,074	—	344,074	5,600	65,000	200	565,669

（単位：百万円）

	株主資本			評価・換算差額等		新株予約権	純資産合計
	利益剰余金	自己株式	株主資本合計	その他有価証券評価差額金	評価・換算差額等合計		
	利益剰余金合計						
当期首残高	590,404	△12,718	1,265,539	△63	△63	694	1,266,171
当期変動額							
新株の発行			295				295
剰余金の配当	△85,030		△85,030				△85,030
当期純利益	249,633		249,633				249,633
自己株式の取得		△120,000	△120,000				△120,000
自己株式の処分		405	262				262
自己株式の消却		118,394	—				—
利益剰余金から資本剰余金への振替	△118,538		—				—
特定事業出資積立金の積立	—		—				—
株主資本以外の項目の当期変動額（純額）				58	58	△211	△152
当期変動額合計	46,065	△1,199	45,160	58	58	△211	45,007
当期末残高	636,469	△13,918	1,310,700	△5	△5	483	1,311,178

【注記事項】

（重要な会計方針）

1. 資産の評価基準及び評価方法 ・・・

有価証券の評価基準及び評価方法 ・・・

有価証券の評価基準及び評価方法

子会社株式及び関連会社株式は移動平均法による原価法によっております。

また，その他有価証券のうち市場価格のない株式等については，移動平均法による原価法によっております。

なお，市場価格のない株式等については，期末日の純資産価額に基づいて減損判定を行いますが，純資産価額以外を実質価値として採用すべき合理的な理由が認められ，かつその金額を合理的に算定可能な場合は，当該価額を純資産価額に代えて減損判定を行っております。これらの純資産価額以外には，将来の超過収益力等が含まれます。

2. 固定資産の減価償却の方法 ・・

（1） 有形固定資産（リース資産を除く） ・・・・・・・・・・・・・・・・・・・・・・・・・・・・・・・・

定率法（ただし，建物（2016年3月31日以前に取得した建物付属設備及び構築物を除く。）については定額法）によっております。

（2） 無形固定資産（リース資産を除く） ・・・・・・・・・・・・・・・・・・・・・・・・・・・・・・・・

定額法によっております。

（3） リース資産 ・・・

所有権移転外ファイナンス・リース取引に係るリース資産についてはリース期間を耐用年数とし，残存価額をゼロとした定額法によっております。

3. その他財務諸表の作成のための基本となる重要な事項 ・・・・・・・・・・・・・・・・・

（1） 繰延資産の処理方法 ・・

社債発行費…期間の経過を要件として任意償還が可能となる最初の日までの期
間にわたり均等償却しております。

(2) 消費税等の会計処理 ・・

消費税及び地方消費税の会計処理は，税抜方式によっております。ただし，資産に係る控除対象外消費税のうち，法人税法施行令に定める繰延消費税については，前払費用に計上し5年間で均等償却し，繰延消費税以外のものについては，発生事業年度に費用処理しております。

（追加情報）

従業員等に信託を通じて自社の株式を交付する取引について，連結財務諸表「注記事項（追加情報）」に同一の内容を記載しているため，注記を省略しております。

第2章

保険業界の"今"を知ろう

企業の募集情報は手に入れた。しかし，それだけでは
まだ不十分。企業単位ではなく，業界全体を俯瞰する
視点は，面接などでもよく問われる重要ポイントだ。
この章では直近1年間の保険業界を象徴する重大
ニュースをまとめるとともに，今後の展望について言
及している。また，章末には保険業界における有名企
業（一部抜粋）のリストも記載してあるので，今後の就
職活動の参考にしてほしい。

▶▶すべての人に，あんしんを

保険 業界の動向

　「保険」は，個人や法人などの契約者から集めた保険金を株式や国債，不動産などで運用し，契約者に生じた損害に対して保険金を給付する業種で，「生命保険」と「損害保険」に大別される。

❖ 生命保険業界の動向

　生命保険の仕組みは，保険契約者全員でお金（保険料）を出し合う「相互扶助」を基本として，個人や企業から集めた保険料を保険会社が国債や株式，外国証券などで運用し，被保険者が亡くなった時や入院・手術の際に保険料や給付金を支払うことになっている。「保険大国」といわれる日本では，生命保険の世帯加入率は89.8％（2021年 生命保険文化センター調べ）で，9割近くの世帯が何らかの生命保険商品に加入していることになる。

　かつて日本では，家族の収入の大半を世帯主一人で支える場合が多く，生命保険はもしものことを考えた死亡保障と受け止められていた。しかし，近年は死亡保障が中心の保険に対するニーズに変化が生じており，医療保障や貯蓄性商品に対する関心が高まっている。これは，消費者の保険に対する知識が深まったこと，保険の販売スタイルも通販や銀行窓口などと多様化したことが理由としてあげられる。既契約者でも，保険内容を積極的に見直す人が増えており，自ら保険ショップなどに足を運ぶケースも増えている。少子高齢化による人口減少，「2025年問題」といった経営環境の悪化が予想されるなか，保険各社は消費者ニーズの変化も踏まえながら，新規商品の開拓，M&Aなどによる業界再編を模索している。

●市場縮小，運用利回り悪化で苦境が続く

　生命保険会社の収入はおもに，契約者からの保険料（収入保険料）とその保険料を運用することで得た利益（資産運用収益）で構成されている。

　保険料収支については，高齢化と人口減少で加入者が減る一方，支払金

が増加していくため，収支の悪化は避けられない状況にある。そのなかでも最大の課題といわれているのが「2025年問題」である。2025年には，1947～49年に産まれたいわゆる団塊の世代がすべて75歳以上の後期高齢者となる。保険会社からみると，高齢者の人口比重がますます高まり，新規契約者は減り，支払いは増えていく状況といえる。

　一方，収益上，比重の大きい資産運用も，日本銀行が2016年2月に導入したマイナス金利政策の影響で，国債の利回りが大きく下落するなど，厳しい現状に直面している。2017年4月，金融庁が生命保険や医療保険の「標準利率」を1％から0.25％と史上最低の水準に引き下げた。「標準利率」とは，保険会社が資産運用で見込める利回り（予定利率）を決める際に指標とする数値である。標準利率が下がれば，連動して予定利率も下がることが多く，資産運用収入が減ってしまうことから，保険会社は保険料を引き上げることになる。今回も，生保各社は保険料を一斉に値上げする事態となった。また，2018年4月には，死亡率を算出する基準となる「標準生命表」が11年ぶりに改定された。たとえば，40歳男性の死亡率は前回2007年の「1000人に1.48人」から「1000人に1.18人」と変更されている。医療技術の進歩などで平均寿命が延びているため，死亡保険料は引き下げられる見通し。逆に，医療保険や年金保険は，支払い機会の増加や支払い期間の長期化といった負担増が想定されるため，保険料は上がることになる。各社は，この苦境を乗り切るため，貯蓄性のある商品の販売を停止・抑制する一方で，商品設計の見直しや新しい商品開発などにも力を注いでいる。

●業界再編，海外進出で進む企業の巨大化

　国内市場の縮小や運用難を受けて，生保各社は業界再編や海外進出を加速させている。日本生命は三井生命を約2800億円で買収，2016年4月から経営統合して再スタートし，第一生命に奪われた保険料収入の首位も取り戻した。2016年10月には，豪州大手銀行から生保事業（MLC）を約1800億円で買収しており，同国4位だった事業を5年間で首位に引き上げることを目指している。また，2018年3月には，マスミューチュアル生命保険も約1000億円で買収している。

　第一生命も2015年2月，米国の中堅保険会社プロテクティブを約5750億円で買収。2018年1月には，米リバティライフの既存契約を約1400億円で買収し，8月には豪サンコープ・ライフを約520億円で買収すると発表するなど，積極的に海外展開を行っている。また，2016年3月には，かんぽ生

命と海外での生保事業や資産運用などについて業務提携を発表し，まずは100億円規模の海外インフラファンドへの共同投資を実施する。さらに2016年10月には，みずほフィナンシャルグループと資産運用会社を経営統合し，アセットマネジメントOneとして新たにスタートを切った。新会社の運用残高は約52兆円とアジアで最大規模となる。販売面でも，2018年4月に乗合保険募集代理店のアルファコンサルティングを子会社化し，グループ内でのシナジー効果の強化を目指している。保険関連以外では，中東のガス処理プラント建設や海外洋上風力発電事業，物流施設などへの投資も実行している。

　両社以外でも，住友生命保険が米中堅生保のシメトラ・ファイナンシャルを4500億円で，明治安田生命保険は米スターンコープ・ファイナンシャル・グループを6250億円で買収するなど，大型M&Aが行われている。

●介護事業や保育事業に，本格参入

　保険業務以外の新しいビジネスとして，介護事業に参入する保険会社が増えている。厚生労働省によると，介護保険の給付費は2022年度が前年度比1.5％増の11兆1912億円だった。今後，2025年度には約20兆円となり，2015年度の2倍に膨らむと予想されている。この市場拡大に，保険会社が目をつけた。さらに，保険事業との相乗効果が大きいことも参入に拍車をかけている。保険金を支払う代わりに介護サービスを受けられる「現物給付型保険」を視野に入れている会社も多い。

　2017年10月，大同生命は要介護状態になった場合の収入減少に備える介護収入保障保険と施設への入居などの費用負担に備える終身介護保障保険の発売を開始した。この新商品には，介護全般についての相談や施設の紹介など，介護を総合的にサポートするサービスが付帯している。さらに踏み込んで，自社で施設運営を始める企業もある。ソニーフィナンシャルホールディングス傘下のソニー・ライフケアは，2016年4月に自社ブランドの老人ホーム「ソナーレ祖師ケ谷大蔵」を開設し，介護事業に本格参入している。2017年4月には2軒目となる「ソナーレ浦和」が開設。2018年11月には「ソレーナ石神井」を開設予定で，今後は年1〜2カ所を開設するという。また，2017年7月に介護付き有料老人ホーム運営のゆうあいホールディングスを子会社化しており，着々と事業拡大を進めている。

　日本生命は2017年，介護最大手のニチイ学館と提携し，企業内保育所の全国展開をスタートさせている。両社は1999年の業務提携以降，介護のほ

か育児の無料相談など幅広いサービスを展開してきた。ニチイ学館は2015年度より基幹事業の1つとして保育事業に取り組んでおり，両社の協業を検討するなかで企業主導型保育所の展開が実現した。

❖ 損保業界の動向

損害保険は，企業や個人に事故や災害による損害の補償を提供する。損保会社の収入の半分は自動車保険で，それ以外にも建物が対象の火災・地震保険のほか，経営陣の損害賠償責任に備える会社役員賠償責任保険やサイバーリスク保険，農業保険といった特定の損害に対応する商品もある。

国内損保業界は再編を経て，MS&ADインシュアランスグループホールディングス（三井住友海上・あいおいニッセイ同和が2010年に合併），東京海上ホールディングス，そしてSOMPOホールディングス（損保ジャパン・日本興亜損保が2010年に合併）の3グループに集約された。この3大メガ損保が，国内における損保市場において，収入保険料の9割以上を占める。3グループの2022年3月期決算はそれぞれ減益。新型コロナの影響も和らぎ，交通事故が増加したことによる保険金の支払いが収益を圧迫した。

収入の柱である自動車保険に関しては，2000年度には全体の58％を占めていた自動車保険の収入保険料は，2020年度には48.1％まで低下しており，人口減少と高齢化，若者の車離れなどから，先行きには不透明感が増している。また，自動安全ブレーキなどの普及で自動車事故も減っていることから，2018年1月，自動車保険の保険料が14年ぶりに引き下げられることになった。

●新規商品による底上げが必須

今後の厳しい状況を踏まえ，損保各社は，相次いで新しい保険商品を開発している。損保ジャパン日本興亜はスマホアプリと連動したテレマティクス保険を発売している。これは，ダウンロードしたアプリで運転状況を診断，安全に運転すると保険料を最大20％割り引くという商品。自動車保険以外でも，損保ジャパン日本興亜の富士山の噴火に備える保険や，三井住友海上の再生医療の健康被害に備える保険などがある。富士山噴火の保険は，実際に噴火しなくても，警戒レベルが一定の状態に達すれば保険金を受け取れるシステムで，近隣の観光業者にとっては風評被害に対する保

険としても活用できる。

　このような新種保険による収入は，この5年間で11％から14％に上昇し，1兆円を超えている。とくに，国内企業数の9割以上を占める，従業員数100人未満の中小企業では，労災や賠償責任などの新種保険の加入率が低く，この分野の未開拓市場は約6000億円近いといわれている。今後は，中小やベンチャー企業の挑戦を，保険でバックアップするような新種保険の開発も望まれる。

●海外進出でグローバルネットワークを強化

　生保業界と同様に，損保各社でも海外進出が進んでいる。国内市場の縮小を踏まえた規模拡大とともに，事業を行う地域を分散させることで，リスクを軽減するねらいがある。また，欧米の保険会社は，農業保険やテロ保険，ヨットや競走馬の保険など，スペシャルティ保険と呼ばれる専門性の高い分野を得意としており，グループ各社はそのノウハウを共有し，グローバルネットワークを強化することで，運用力の向上も目指したいと考えている。

　東京海上ホールディングスは，これまで英キルン，米フィラデルフィアなど欧米で大型M&Aを行ってきた。近年では，2015年10月に米保険会社HCCインシュアランス・ホールディングスを，約9400億円で買収した。この買収によって，東京海上の海外利益比率は，38％から45％に上昇した。さらに，2017年10月に米保険大手AIGから医療保険事業を約300億円で買収すると発表。2018年6月には，東京海上日動火災保険を通じて，タイとインドネシアの保険会社の買収を発表するなど，海外展開を強めている。

　MS&ADは2016年2月，総額6400億円で英損害保険アムリンの買収を完了した。アムリンは再保険（保険会社が入る保険）市場で2位の大手で，この買収によって，MS&ADの再保険部門の事業規模は世界27位から15位に上昇した。また，2017年8月には三井住友海上保険によるシンガポールの損害保険会社の買収を発表。2017年10月には英生命保険会社に1200億円を出資している。SOMPOホールディングスも2017年3月，約6900億円を投じて米エンデュランス・スペシャルティ・ホールディングスを買収。2018年1月には，米国の企業向け保険会社を買収すると発表した。

保険業界

直近の業界各社の関連ニュースを
ななめ読みしておこう。

生保12社が増益・黒字　住友や明治安田は予定利率上げ

主な生命保険会社の2023年4～9月期決算が22日、出そろった。14社・グループのうち、12社で本業のもうけを示す基礎利益が増加もしくは黒字化した。新型コロナウイルスの保険金などの支払いが減った。今後は国内の金利上昇を踏まえた運用や商品戦略の巧拙が問われる局面になり、住友生命保険や明治安田生命保険は予定利率引き上げに踏み切った。

本業のもうけを示す基礎利益は14社の合計で1兆7621億円と前年同期比25％増えた。増益の主因は新型コロナの感染者に支払う保険金や給付金の減少だ。生命保険協会によると4～9月の業界全体での新型コロナ関連の入院給付金の支払いは約217億円と前年同期比95％減った。

ただ手放しで喜べる決算ではない。契約者に約束している予定利率と実際の運用利回りの差である利差益は、海外金利の上昇で為替変動の影響を抑えるためのヘッジコストが増え、アンケートに回答した11社・グループ合計で約3割減った。住友生命の増田光男運用企画部長は「24年3月期通期では上期よりさらに悪化する」とみる。

今後、国内での本格的な金利上昇局面を見据えた運用戦略や商品開発・改定が焦点になる。日本生命保険など運用計画を公表している10社のうち、7社は下期（23年10月～24年3月）に国内債の残高を増やす方針だ。

明治安田生命の中村篤志専務執行役は国債（超長期債）の運用について「平準的な買い入れを基本としながら、金利上昇で投資妙味が増す局面では買い入れ速度の調整や積み増しを検討する」と述べた。円建ての負債を多く抱える生保にとって、負債コストを賄うために国内債の利回り向上は欠かせない要素だ。

一方、「マイナス金利の解除など日銀の次の一手が年度初めの想定より早まると見込んでおり、金利の先高観から急いで買う必要はない」（富国生命保険の鈴木善之財務企画部長）との声もある。同社は下期に計画していた国債の買い

入れを24年度以降に回す方針だ。どのタイミングで買い入れ速度を上げるかなど各社で運用戦略は分かれそうだ。

円建てを中心とする貯蓄性商品の販売競争も足元で激しさを増している。住友生命は円建ての一時払い終身保険の予定利率を11月から1％に引き上げた。明治安田生命も11月に、教育資金の確保を目的とする学資保険の予定利率を6年ぶりに改定し、0.75％から1.3％に引き上げた。

貯蓄性商品は生保にとって必ずしも利益率が良い商品とはいえない。ニーズの高い貯蓄性商品を起点に顧客との接点創出を図り、主力となる保障性商品の販売につなげたいのが本音だ。

主力の営業職員チャネルで新契約の保障額が10％以上落ち込んだ日本生命の佐藤和夫常務執行役員は「課題が残る決算だった。一時払い商品の販売好調を主因に通期の決算見通しを前期比増収に変更したが、中身の伴った増収を目指したい」と口にした。

住友生命の高尾延治執行役常務は「23年4〜9月期は昨年に比べて相対的に競争力が低下した。収益とのバランスを見極めつつ今後も予定利率の引き上げについて検討を進めていく」と話す。貯蓄性商品の販売を停止している朝日生命保険も「具体的な金利水準は決めていないが、販売再開に向けて検討に着手した」（池田健一常務執行役員）という。

生命保険協会の清水博会長（日本生命社長）は17日の記者会見で「継続的な金利上昇は理屈上、中長期的な運用収益の向上につながる。ただ各社の取り組み次第で、運用収益に及ぼす影響は現実的には異なる」と話した。

急激な金利上昇は既存の保険契約の解約増加につながる可能性もある。金利が上昇する過程での適切な債券の入れ替え、流動性リスクにも留意した資産ポートフォリオの管理の重要性は今後一層増す。

（2023年11月22日　日本経済新聞）

損保大手、自動車保険の査定厳しく　相次ぐ不正受け

中古車販売大手ビッグモーターによる保険金不正請求を受け、損害保険大手各社は保険金の査定や支払いのプロセスを見直す。保険金に関する問題が他の自動車関連業者でも相次いでいることも背景にある。「不正はしない」とする性善説に基づく従来の対応から転換し、デジタル技術を活用するなどして不正検知体制の整備を進める。

「実際の作業と異なる請求をしていました」。大阪トヨタ自動車（大阪市）は25日、2021年4月から22年11月までに施工した67台で、塗装費用の過大請求といった事案があったと発表した。トヨタ自動車の販売会社を巡っては、ほかの地域でも不適切な事案が発覚している。保険金が過剰に支払われたケースがあり、返金の協議を損保側と進めている。

中古車販売大手ではビッグモーターに続き、グッドスピードでも不適切な事案が明らかになっている。同社が20日公表した社内調査委員会による調査報告書の概要では、1664件の調査案件数のうち、5.5％にあたる91件が「不適切疑義案件」と判断された。「塗装下処理のみで終了させたが請求内容は塗装実施」だった事案や、「板金修理における作業時間請求が過大だった事例」などがあったという。

損保大手各社はこうした事態を受け、不正を防ぐ体制づくりを急ぐ。あいおいニッセイ同和損害保険は、人工知能（AI）を活用して修理費の見積もりが適正か確認するシステムを、オックスフォード大の学者と連携して進める。420万件の事故車両のデータや、不正請求時に表れる見積り内容の傾向などをAIに学習させ、不正が疑われる事案を自動で検知する。12月から運用を始める。

三井住友海上火災保険は2023年度中にも、事故車を修理工場に入庫した際の車両の写真撮影を提携する全工場に義務付ける。契約者の立ち会いの下で撮影してもらい、意図的に傷を付けるといった不正の未然防止を図る。

損害保険ジャパンは簡易な査定手法を見直し、損害査定人が全修理案件の見積もりをチェックする体制に9月から変更した。　東京海上日動火災保険は事故車両の損害調査を担うグループ企業に、不正に関する情報を集約、分析する専門チームを9月に立ち上げた。

損保各社はこれまで、事故車の修理見積もりを修理業者から送られてきた写真だけで査定するなど、効率的に修理を進めるための仕組みを構築してきた。納車までの期間が短くなるなど保険契約者にとってのメリットはあるが、水増し請求が発生する一因となった。「性善説に依拠してやってきたことが裏目に出た」（損保大手関係者）

ビッグモーターは、意図的に車体を傷付けるなどして保険金を繰り返し水増し請求していた。ここまでの悪質な手口は他社では明らかになっていないが、「自動車メーカーの販売会社も含め、今後さらに保険金請求の問題が拡大していく」（業界関係者）との見方が広がりつつある。

自動車の販売業者は保険代理店として自動車保険を取り扱っており、損保会社との関係性は強い。特に保険の契約額が多い大規模な代理店などに対しては、

監督や指導が行き届かない恐れもある。実際にビッグモーター問題では、損保ジャパンが「反発を恐れた」（同社の白川儀一社長）結果、不正追及に緩みが生じた。日本損害保険協会の新納啓介会長（あいおいニッセイ同和損保社長）も９月の協会長会見で「現場において行き過ぎたリスペクトになってしまい、代理店に対して物が言いづらい場面はある」と述べた。不正請求を放置すれば、保険料の上昇という形で契約者にはね返る。損保各社は実効性のある再発防止策を講じ、代理店との関係を適正化できるかが問われている。

（2023年10月31日　日本経済新聞）

保険窓口販売、商品絞り込み　大手地銀やりそな銀行

銀行が窓口で取り扱う保険商品を絞っている。横浜銀行が約３割削ったほか、りそな銀行は医療保険など約10商品を減らした。取扱数が多すぎると販売の効率が落ちるほか、適切な説明ができずに顧客の不利益となる恐れもあるためだ。生命保険会社との関係を優先する大手銀行はラインアップの充実を維持する姿勢を崩さず、戦略の違いも浮き彫りになっている。

横浜銀行は昨年10月に窓口で販売する保険を約30本から20本程度へ絞った。取り扱いを抜本的に見直したのは初めてだ。絞り込みにあたっては、保険と投資信託の商品性やパフォーマンスを中立的な立場から評価する投信・保険ビジネス総合研究所の分析を参考にしたという。

保険の機能を資産運用や相続対策、資産承継・生前贈与、介護や認知症への備えなどに分類し、それぞれの分野で重複する商品の取り扱いをやめた。営業戦略部の池野裕昭グループ長は「同じような保険商品が並んでいるより、厳選された状態のほうが顧客にとっても選びやすいだろう」と話す。

りそな銀行は2022年４月に保険料を定期的に納める平準払いと呼ばれる保険を中心に取扱数を33から24に減らした。アフラック生命保険、オリックス生命保険の医療保険やがん保険などの販売を停止したという。

窓口の販売員が勧めるのは保険だけでなく、投信やファンドラップなど多岐にわたる。家族構成や資産形成の計画、リスクの許容度が異なる顧客に最適な提案をするには商品に対する理解度を高めることが重要だ。担当者は「説明の質を担保するには商品数を減らす必要がある」と語る。

池田泉州銀行も昨年３月に一時払い終身保険や変額年金保険など計７商品の取り扱いを停止した。複数の関係者によると、関東地方のある大手地銀は販売件

数などが基準に満たない保険商品をリストアップしており、存廃の是非を年内にも決める。同様の検討を進めている地銀も少なくないという。

保険商品の銀行窓販は07年に全面解禁され、生保にとって銀行は有力な販売チャネルのひとつとなっている。各社が窓販向けの商品を相次いで開発してきた結果、銀行が取り扱う商品数は膨らんできた。品ぞろえを重視する販売戦略は転機を迎えている。

すでに投信では銀行窓口の取扱商品を減らす動きが先行している。商品数が多すぎると顧客に向き合う販売員が商品の特徴をつかむのに苦労する。効率を重視し、販売員がきめ細かく説明できるよう商品数を適正化する流れが保険にもおよんできた。

それでも保険商品の削減には別の難しさがある。地銀の大株主には明治安田生命保険や日本生命保険が名を連ねる。生保側は取引上の関係を強化するための政策保有株でなく、あくまでも純投資と位置付けるが「保有株が（銀行窓口で保険を販売しやすくする）事実上のエントリーチケット」（関係者）になっている側面がある。

窓口で自社の商品が少なくなれば販売減に直結するだけに、生保側の抵抗感も根強い。交渉に携わった地銀の担当者は「生保の理解を取り付けるのに難儀した」と振り返る。協議が難航し、当初の計画から遅れて削減にこぎ着けたという。近年は株価が低迷する地銀株の売却に動く生保も少なくないが、大株主として配慮すべき対象であることに変わりはない。

一方、大手行では品ぞろえを引き続き維持する考えが大勢だ。三菱UFJ銀行や三井住友銀行、みずほ銀行に取扱商品数を尋ねたところ、今年9月末時点で40〜60本程度だった。信託銀行を含め、今後減らす予定はないという。充実したラインアップが顧客の選択肢を広げることになる半面、親密な生保との関係を踏まえると大胆な削減には乗り出しにくい。

銀行窓販の市場は好調が続く。業界の推計値によると、今年4〜9月の販売額は3兆1000億円規模。7年ぶりに5兆円台へ乗せた22年度を上回るペースで資金が流入している。国内の金利上昇による積立利率の改善が円建ての追い風となっているほか、実質的な運用利回りが5％前後におよぶ外貨建て保険の人気も依然根強い。

運用商品の販売をめぐっては、千葉銀行が複雑な商品設計の仕組み債を高齢者に販売するなどして金融庁から業務改善命令を受けた。販売側の銀行にはアフターフォローを含め、これまで以上にきめ細かな対応が求められている。

（2023年10月25日　日本経済新聞）

自動車保険、東京海上・あいおいが値上げ再考

損害保険大手が自動車保険料を引き上げるかが焦点になっている。中古車販売大手のビッグモーター（東京・港）による保険金不正請求問題で、損害保険ジャパンは2024年1月に予定していた自動車保険料の引き上げを当面見送ることを決めた。ほかの大手3社の保険料改定の方向性は依然として出そろっておらず、判断が分かれる可能性がある。

損保ジャパンを含む大手4社はもともと、24年1月に保険料を引き上げる方針だった。物価高に伴い修理費や人件費が上がり、自動車整備業者らに支払う保険金が増加しているからだ。新型コロナウイルス下での行動制限がなくなって交通量が回復し、事故が増えていることも背景にある。

自動車保険の保険料は例年、損保各社は1月に改定している。改定に伴いシステム改修も必要になる。このため各社は通常、8月前半ごろまでに改定幅を確定させ、9月ごろから代理店への周知を進める段取りで動いている。ところが、ことしは8月28日時点で各社の改定幅が出そろっていない。

ビッグモーターとの近い関係を指摘される損保ジャパンは見送りを決めた。自動車保険金を不正に水増し請求していたことを受け、契約者の理解が得られないと判断した。

三井住友海上火災保険はすでに引き上げを決めたが、改定幅については協議中のもようだ。東京海上日動火災保険とあいおいニッセイ同和損害保険は方向性を明らかにしておらず、損保ジャパンと同様に見送る可能性も排除していないとみられる。

自動車保険の収益性は悪化しているのが実情だ。収入保険料に対して支払った保険金の割合を示す大手4社の損害率は、22年度は6割程度と1年間で5ポイント前後増えた。業界全体で自動車保険は収入保険料の5割近くを占める主力商品で、複数の大手損保関係者は「引き上げなければ年間で数百億円規模の保険料収入が失われかねない」と頭を悩ませる。

引き上げ見送りの一報が伝わった28日、損保ジャパンの親会社のSOMPOホールディングスの株価は、午後1時過ぎから一時200円近く下落した。終値は前週末比13円高だったが、投資家は損保各社が自動車保険事業の収益性を着実に改善できるかを注視している。

損保業界では自然災害の多発を背景に、収入保険料ベースでは自動車保険に次ぐ規模の火災保険で赤字が続いている。厳しい事業環境に置かれるなか、自

動車保険は安定的に利益が得られる収益源として重要性が高まっていることも背景にある。

ビッグモーターから水増しされた修理費を提示されて保険を使った契約者の中には、不必要に等級が下がって割高な保険料を負担している人も少なくない。

さらに、保険金の水増しにより、わずかながら契約者全般の保険料が上振れしているとみられ、業界団体は影響を検証する。

契約者が抱く損保への不信感が高まっているなかで、投資家と契約者の双方の納得が得られるよう、損保各社にはこれまで以上に丁寧な説明が求められている。

（2023年8月29日　日本経済新聞）

企業保険、大手4社でシェア9割　価格調整疑いの背景に

金融庁が東京海上日動火災保険など大手4社に報告徴求命令を出したのは、損害保険業界に価格調整が慣習として根付いていた疑いを捨てきれないためだ。損保業界は過去の再編で2014年に現在の大手4社体制が固まった。企業向け保険のシェアが90％以上にのぼる寡占度が今回の事前調整につながっていた可能性もある。

企業向けの保険をめぐっては、1年～複数年にわたる保険契約を更改する際に複数の保険会社から見積もりを受けることが多い。大企業の火災保険などは引受時のリスクが大きくなることから、事前に決められたシェアに応じて複数の保険会社が分担して保険を引き受けている。

企業向けの保険料は、損保がその企業にどれだけの保険金を支払ってきたかを示す「損害率」に大きく左右される。関係者によると、東急は3割弱と「優良企業」とされる水準だったという。それにもかかわらず、保険会社から示された保険料は割高で、かつほぼ横並びの水準だったようだ。

関係者は各損保で東急を受け持つ営業担当者がスマートフォンのメッセージなどで情報を共有し合い、事前に保険料の水準を調整していた疑いがあると指摘する。主幹事を務める東京海上は金融庁に一連の経緯を説明したようだ。

1990年代半ばに10社以上だった主要損保は再編を繰り返し、2014年に損害保険ジャパン日本興亜（当時）ができて4社体制に固まった。企業向けの保険で4社の市場シェアは9割を超える。

損保の価格調整をめぐっては、1994年に公正取引委員会から警告を受けたこ

とがある。業界団体が自動車の整備業者に支払う修理費の工賃を設定し、各社がほぼ一律で適用していた。

報告命令を出した金融庁は調査に数カ月以上をかける見通しだ。企業向けの保険で損保が余剰利益を得ていなかったかが今後の焦点になる。

（2023年6月29日　日本経済新聞）

生命保険16社の23年3月期、3割減益　コロナ給付金重く

主な生命保険会社の2023年3月期決算が24日、出そろった。外貨建て保険の販売額が伸びて増収となった一方、新型コロナウイルス関連の給付金が重荷となり、主要16社の本業のもうけを示す基礎利益は約2兆9000億円と前の期比3割弱減った。今期は日本生命保険など大手4社が減収になる。

生保の売上高指標の一つである保険料等収入は主要16社で約37兆6000億円と2割近く増えた。米ドルなど外貨建て一時払い保険が好調だった。銀行窓口の販売額は業界全体で約3兆9000億円と前の期比で8割増えた。24日に発表した日本生命の保険料等収入は18％増えた。

新型コロナ関連の給付金支払いが響き、採算は悪化した。生命保険協会によると22年度の入院給付金の支払いは業界全体で約8700億円超となった。生保のコスト負担が増し、基礎利益（16社合計）は約2兆9000億円と前の期比28％減った。外国債券の投資で為替変動の影響を抑えるヘッジコストの上昇もあり、日本生命の減益幅は44％になった。

24年3月期は外貨建て保険の販売が減少する見通し。日本生命（豪子会社を除く）、明治安田生命保険は保険料等収入でそれぞれ6％、9％の減収を見込む。第一生命ホールディングス（HD）は経常増益が12％減る予想だ。

外貨建て保険の販売動向は金利に左右され円高リスクもある。明治安田生命の中村篤志専務執行役は「今期は下期に海外金利が低下する見通しで、外貨建て保険のニーズは低下する」とみる。

新型コロナ関連の支払いは減るため利益には追い風となる。ただ住友生命は「外債の為替ヘッジ契約期間が長く、コスト上昇の影響が前期より大きくなる」（高尾延治執行役常務）ため基礎利益は12％減る見通し。明治安田生命は横ばい水準になるとしている。

事業環境は楽観視できない。前期の新たに獲得した契約から得られる保険料（新契約年換算保険料）をみると、日本生命では最大シェアを占める営業職員チャ

ネルが約2割減った。同社の佐藤和夫常務執行役員は「職員1人あたりの生産性が落ち込んでいる」と危機感を口にした。

特定商品などに依存せずに収益力をどう高めていくかが課題だ。大手の場合は新契約に占める営業職員の割合が依然高い。新型コロナが収束して営業職員の活動再開が本格化するなか、新契約をどこまで回復できるかが焦点だ。

スマートフォンなど非対面チャネルの活用が不可欠になる。日本生命の佐藤氏は「営業活動と顧客のデータを組み合わせ、人工知能（AI）を用いた効果的な営業を定着させたい」と語る。住友生命は今期からの3年間でシステムや営業ツールの更新などに約1600億円を投じる。

新たな収益源を探る動きもある。第一生命HDの甲斐章文執行役員は「資産形成型の商品やペット保険など顧客の幅広いニーズに応える商品の提案を通じて業績回復につなげたい」と話す。健康増進など非保険領域のサービスや海外事業の強化も欠かせない。

金融庁幹部は「営業職員が単に保険を売ればいい時代は終わった。データの利活用を含め、顧客にどう付加価値を提供できるかが問われている」と指摘する。

（2023年5月24日　日本経済新聞）

会社別就活ハンドブックシリーズ

第一生命ホールディングスの就活ハンドブック

編　者	就職活動研究会
発　行	令和6年2月25日
発行者	小貫輝雄
発行所	協同出版株式会社

〒101-0054
東京都千代田区神田錦町2-5
電話　03-3295-1341
振替　東京00190-4-94061

印刷所　協同出版・POD工場

落丁・乱丁はお取り替えいたします

九州電力の就活ハンドブック

自動車

トヨタ自動車の就活ハンドブック

デンソーの就活ハンドブック

本田技研工業の就活ハンドブック

日産自動車の就活ハンドブック

商　社

三菱商事の就活ハンドブック

伊藤忠商事の就活ハンドブック

住友商事の就活ハンドブック

双日の就活ハンドブック

丸紅の就活ハンドブック

豊田通商の就活ハンドブック

三井物産の就活ハンドブック

情報通信・IT

NTT データの就活ハンドブック

サイバーエージェントの就活ハンドブック

NTT ドコモの就活ハンドブック

LINE ヤフーの就活ハンドブック

野村総合研究所の就活ハンドブック

SCSK の就活ハンドブック

日本電信電話の就活ハンドブック

富士ソフトの就活ハンドブック

KDDI の就活ハンドブック

日本オラクルの就活ハンドブック

ソフトバンクの就活ハンドブック

GMO インターネットグループ

楽天の就活ハンドブック

オービックの就活ハンドブック

mixi の就活ハンドブック

DTS の就活ハンドブック

グリーの就活ハンドブック

TIS の就活ハンドブック

食品・飲料

サントリー HD の就活ハンドブック

日本たばこ産業 の就活ハンドブック

味の素の就活ハンドブック

日清食品グループの就活ハンドブック

キリン HD の就活ハンドブック

山崎製パンの就活ハンドブック

アサヒグループ HD の就活ハンドブック

キユーピーの就活ハンドブック

生活用品

資生堂の就活ハンドブック

武田薬品工業の就活ハンドブック

花王の就活ハンドブック

電気機器

- 三菱電機の就活ハンドブック
- ダイキン工業の就活ハンドブック
- ソニーの就活ハンドブック
- 日立製作所の就活ハンドブック
- ＮＥＣの就活ハンドブック
- 富士フイルム HD の就活ハンドブック
- パナソニックの就活ハンドブック
- 富士通の就活ハンドブック
- キヤノンの就活ハンドブック
- 京セラの就活ハンドブック
- オムロンの就活ハンドブック
- キーエンスの就活ハンドブック

保　険

- 東京海上日動火災保険の就活ハンドブック
- 第一生命ホールディングスの就活ハンドブック
- 三井住友海上火災保険の就活ハンドブック
- 損保ジャパンの就活ハンドブック

メディア

- 日本印刷の就活ハンドブック
- 博報堂 DY の就活ハンドブック
- TOPPAN ホールディングスの就活ハンドブック
- エイベックスの就活ハンドブック
- 東宝の就活ハンドブック

流通・小売

- ニトリ HD の就活ハンドブック
- イオンの就活ハンドブック
- ZOZO の就活ハンドブック

エンタメ・レジャー

- オリエンタルランドの就活ハンドブック
- アシックスの就活ハンドブック
- バンダイナムコ HD の就活ハンドブック
- コナミグループの就活ハンドブック
- スクウェア・エニックス HD の就活ハンドブック
- 任天堂の就活ハンドブック
- カプコンの就活ハンドブック
- セガサミー HD の就活ハンドブック
- タカラトミーの就活ハンドブック

▼会社別就活ハンドブックシリーズにつきましては，協同出版のホームページからもご注文ができます。詳細は下記のサイトでご確認下さい。

https://kyodo-s.jp/examination_company